哈尔滨商业大学博士科研启动项目
"黑龙江省装备制造业技术创新效率提升的金融支持研究"（22BQ04）

黑龙江省哲学社会科学研究规划青年项目
"环境不确定性对企业技术创新动态能力影响机理研究"（20GLC202）

黑龙江省普通本科高等学校青年创新人才培养计划项目
"创业团队资源禀赋对企业技术创新动态能力影响机理研究"（UNPYSCT-2020208）

谷 丰◎著

高管团队特征及异质性
对企业创新投资影响研究

GAOGUAN TUANDUI TEZHENG JI YIZHIXING
DUI QIYE CHUANGXIN TOUZI YINGXIANG YANJIU

中国财经出版传媒集团
经济科学出版社
Economic Science Press

图书在版编目（CIP）数据

高管团队特征及异质性对企业创新投资影响研究／
谷丰著 . —北京：经济科学出版社，2022. 10
ISBN 978 - 7 - 5218 - 4169 - 5

Ⅰ.①高…　Ⅱ.①谷…　Ⅲ.①企业管理-组织管理-
影响-企业-投资-研究-中国　Ⅳ.①F279. 23

中国版本图书馆 CIP 数据核字（2022）第 198340 号

责任编辑：杜　鹏　刘　悦
责任校对：蒋子明　靳玉环
责任印制：邱　天

高管团队特征及异质性对企业创新投资影响研究
谷　丰　著
经济科学出版社出版、发行　新华书店经销
社址：北京市海淀区阜成路甲 28 号　邮编：100142
编辑部电话：010 - 88191441　发行部电话：010 - 88191522
网址：www. esp. com. cn
电子邮箱：esp_ bj@ 163. com
天猫网店：经济科学出版社旗舰店
网址：http：//jjkxcbs. tmall. com
固安华明印业有限公司印装
710×1000　16 开　12 印张　200000 字
2022 年 12 月第 1 版　2022 年 12 月第 1 次印刷
ISBN 978 - 7 - 5218 - 4169 - 5　定价：66. 00 元
（图书出现印装问题，本社负责调换。电话：010 - 88191510）
（版权所有　侵权必究　打击盗版　举报电话：010 - 88191661
QQ：2242791300　营销中心电话：010 - 88191537
电子邮箱：dbts@ esp. com. cn）

前　言

　　习近平总书记在党的十九大报告中提出了"创新、协调、绿色、开放、共享"的发展理念，国家将积极推进理论创新、制度创新、科技创新、文化创新及其他各方面的创新。这就意味着我国将进入创新引领发展的新阶段。因此，有效实施技术创新，不仅是推动企业可持续发展的关键，更是保证国家高质、高效可持续发展的动力源泉。然而，我国多数企业创新意识虽然有所提升，但创新能力薄弱，创新资源不足，资源整合及有效利用能力较弱，尤其是高管团队成员人力资本配置及运行情况存在的一些问题直接影响了企业创新战略决策的有效性。

　　学者们研究的重点主要聚焦于高管团队对企业生存、发展战略和绩效方面的影响，对高管团队特征及异质性与企业创新决策的主题研究还较少。多数研究忽视了首席执行官（CEO）权力和环境不确定性对两者关系的影响。企业的研发活动是提升企业绩效的重要途径，是企业获取并保持长期竞争优势和持续稳定发展的重要动力源泉，而创新能力较强的创业板上市公司越来越重视其研发创新活动，研究与开发（R&D）项目投资已成为高科技企业的一项重大战略决策。在创新驱动发展的时代背景下，高管团队特征及异质性对企业创新投资决策会产生何种影响？高管团队特征及异质性对企业创新投资影响是否存在互补关系？首席执行官权力的大小对高管团队的创新投资战略决策如何影响？环境不确定性对高管团队创新投资战略决策有何影响？这些问题在过去的研究中较少的被提到，因此，本书试图将高管团队的人力资本及边界条件对创新战略实施的一个重要前提决策单元——创新项目投入力度的作用机理纳入研究框架，还考察了首席执行官权力与外部环境不确定性对两者关系的影响，填补现有研究文献的空白之处，成为本书的研究主题。

　　本书在高层梯队理论、创新理论、社会类化理论、信息决策理论、资源依赖理论和代理理论等理论的指导下，探讨了高管团队人口统计学特征及异质性、薪酬激励特征对企业创新的影响机制，在此基础上，选取了 2009～2016 年创业板上市公司中的 2 755 个公司样本，采用定性和定量分析相结合的方法，运用 Sta-ta14.0 进行回归分析来检验假设，丰富和拓展了高管团队特征研究的边界，由关注高管团队中主要成员——首席执行官和董事长的研究扩展到全部高管团队成员特征及异质性对创新战略影响的研究。本书提出了高管团队人力资本对企业创新作用的边界，根据社会类化理论和信息决策理论验证了团队成员异质性变化对企业会带来正负两方面的影响；研究了高管团队异质性、高管团队人力资本均值和三种薪酬激励模式对企业创新投资协调作用效应，为企业整体上优化高管团队组成，完善企业资源配置，促进企业不断实施创新活动提供经验证据。此外，本书还强调了首席执行官权力和环境不确定性对两者关系的影响，一方面，将首席执行官权力划分为结构权力、专家权力、声誉权力和权力积分，并提出了首席执行官权力对于高管团队决策影响创新投资的调节效应的研究边界，拓展了高层梯队理论中调节变量的研究和应用范围；另一方面，将环境不确定性划分为两个维度，分别检验了不同环境不确定条件下高管团队特征对企业创新投资影响的差异，首次提出高管团队人力资本对公司创新决策作用的外部环境影响机制，即企业外部信息和资源环境—高管感知—高管处理信息作出战略决策—创新战略—企业创新投资决策的理论框架。本书还丰富了高管团队组织行为的理论，拓展了外部环境与企业内部高管团队微观行为的研究边界，为后续研究提供了理论参考、实证证据和数据支持。

谷　丰

2022 年 10 月

目　　录

第1章 绪 论

1.1 研究背景

近 40 多年来，我国经济高速发展取得了举世瞩目的成绩，国内生产总值（GDP）总量年均增长率为 10%，但是经济增长背后却付出了巨大的代价，经济的高速增长大部分是依赖资源的过度消耗，本土资源不断枯竭，环境日益退化，因此，我国必须转变传统的经济增长方式，全面实施"创新驱动"发展战略。我国政府在 20 世纪 90 年代就意识到转变经济增长方式的重要性，从"八五"规划到"十三五"规划，关于强化技术创新、产业结构优化升级、转变经济增长方式等内容不断得到了深化。我国经济发展模式正在从高速增长阶段转向高质量发展阶段，"要素驱动型"向"创新驱动型"的模式方向转变，将更多地基于科技进步和技术创新来拉动经济持续、稳定的中高速增长。2017 年 10 月，习近平总书记在党的十九大报告中明确指出，要深化供给侧结构性改革。该思路的主要目的就是消化过剩产能，优化资源配置方案，提高资金使用效率，其核心在于提高全要素生产率，实现创新—协调—绿色—开放—共享的发展模式。为了完成国家的创新发展目标，企业作为国家技术创新体系的微观主体，应整合企业内外部创新生产要素，全面提升企业的核心竞争力，企业只有通过技术创新才能够进入拥有较高附加价值的全球产业价值增值链的高端行业。而高管团队是企业组织生产经营活动的核心团队，由其所制定的战略决策会直接影响企业的创新水平和绩效。

目前，我国经济发展过程中存在诸多复杂问题，例如市场竞争存在信息不对称、市场发育不良以及法律法规保护执行效率低下，企业产品生命周期加速缩短，成本急剧上升。在这种复杂环境背景下，很多企业在不同程度上出现了财务危机和经营困难，有些企业曾为行业巨头却败下阵来，有些企业的治理结构合理，董事会、监事会结构配置完备，可是并没有在市场竞争中获得优异的战绩，而还有一些企业经受住了环境的考验而持续稳定地发展起来，企业的竞争优势也日益突显。很多组织结构和特征类似的企业在运营过程中却表现出千差万别的公司绩效水平，那么，是什么原因导致企业经营业绩产生了这些千差万别的情况？一方面，我国企业必须加速提高自身技术创新水平才能在经济全球化的激烈市场竞争中获得生存空间；另一方面，企业在激烈的市场竞争环境下必须准确识别和处理环境信息并制定统筹规划的战略决策，才能立于不败之地。有学者认为，高管团队特征、知识储备情况和信息处理能力对于企业价值创造能发挥重要的作用，影响企业战略的制定和实施以及企业绩效水平的提升。因此，企业需要拥有优秀的高管团队（top management team，TMT），高层管理团队是企业重要的人力资本组合，担负着决策企业发展方向的工作，具有稀缺性、高价值性和不可模仿性等特征。此外，以往研究主要是从公司层面考察影响企业技术创新、战略和绩效的因素，如公司特征和治理结构是影响公司创新投资决策的重要因素。而这些研究大多假定高管是理性的，根据理性经济人假说，在相同的环境条件下，不同高管会作出相同的理性选择，从而忽略高管特征对企业创新投资战略的影响。汉布里克和梅森（Hambrick & Mason，1984）认为，高管团队的自身素养直接影响企业的行为，这也是高层梯队理论所研究的重点内容。之后很多基于高层梯队理论的经验研究证明，高管个人特征是影响公司战略决策和绩效的重要决定因素，而创新投资决策作为公司创新战略的重要组成部分，同样会受到高管个人特征的影响。因此，有必要从高管背景层面解释高管的创新投资战略决策。目前，由高学历和工作经验丰富的高管人员构成的高管团队作用日益显著，因为他们不仅能够掌握和了解企业内部运作体系情况，还能准确把握控制外部纷繁变化的环境，并不断调整企业内部组织制度、结构和战略以适应外部环境的动态演变过程。

汉布里克和梅森（Hambrick & Mason，1984）认为，高管认知基础和价值观会对他们如何客观评价与解释其所面临的内外部环境产生影响，进而可以影响高管的认知和决策行为，会影响团队的运作效率。由于高管的认知基础和价值观难以度量，而与其紧密相关联的人口背景特征，例如高管人员的年龄、学历、任期以及薪酬方面等因素却是可以观测度量的，因而从高管背景特征这一视角出发解释其对企业创新战略的影响是一项有益的研究方向。高层梯队理论还认为，高管团队特征比高管个人特征能够更好地解释公司的战略选择和业绩表现，只是不同高管在不同决策中参与程度有所不同。近年来，不少文献考察了首席执行官特征对企业战略和绩效的影响。但现有文献缺少高管团队特征对企业创新投资决策影响的研究，往往忽略了企业内部重要的创新战略决策单元——高管团队运作水平。那么，高管团队成员年龄、学历和任期是否影响企业创新投资？除了背景特征以外，高管团队成员的薪酬激励水平是否也会影响企业的创新投资水平？

企业的研发活动是提升企业绩效的重要途径，已成为企业获取并保持长期竞争优势和持续稳定发展的动力源泉，尤其对于创新能力较强的企业来说，研究与开发项目投资已成为一项重大战略决策。由于企业创新需要长期、持续、稳定和高额的货币资金和技术资源的投入，而企业在经营管理过程中往往会遇到资源困境，也就是融资约束，无法利用资金实施有效、稳定的创新项目投资，进而导致企业的创新动力不足，如何有效实施技术创新驱动企业可持续发展成为企业高质量运营的关键。因此，本书试图通过探讨创新战略实施的一个重要前提决策单元——创新项目的投入力度，将高管团队的人力资本配置及边界条件纳入研究框架，探讨高管团队特征对企业创新投资的影响，以及高管团队特征及异质性的交互作用对企业创新投资的影响，填补了现有研究文献的空白之处。

此外，汉布里克和芬克尔斯坦（Hambrick & Finkelstein，1995）研究认为，由于管理者酌量权的存在，所以管理者的特征会影响企业经营管理，因此，管理者酌量权是管理者特征影响企业战略和绩效的前提条件。管理者拥有的酌量权越多，管理者个人特征风格就更加能够反映在企业产出中。首席执行官作为高管团队的核心和企业创新战略执行的主要领导者，肩负着公司战略制定和资源分配的重要任务，首席执行官权力能够作为首席执行官酌量权的替代变量，会对具有不同特征的高管团队的创新投资决策产生重要影响。首席执行官权力的增加是否能够增强高管团队特征及异质性对企业创新投资的影响？对这个问题的探究有助于揭示和理解高管团队特征影响企业创新投资的外在条件。

更重要的是，我国资本市场发生复杂变化，国内外竞争日趋激烈，企业的外部环境受到供应商、顾客、竞争对手以及监督机构等方面持续且随机变化的影响，企业外部环境千变万化，处于非稳定状态。因此，政府、市场应为企业创造良好的外部环境，才能激发高管团队加大企业创新投资，增强企业创新动力。本书借鉴德斯和彼尔德（Dess & Beard，1984）的研究，选取外部环境不确定性的动态性和丰富性这两个维度来考察企业面对不同环境变化时，高管团队特征及异质性与企业创新投资关系的变化，认为外部环境动态性和丰富性与高管团队特征共同塑造高管成员实施创新投资决策的内外部环境，外部环境确立了高管团队特征与企业创新投资之间关系变动的边界，即企业面对外部环境动态性和丰富性不一样情况时，会导致高管团队特征及异质性对企业创新投资决策产生不同的影响，这将是本书的研究重点。

综上所述，在创新驱动和环境变化剧烈的时代背景下，本书将探讨高管团队特征及异质性对企业创新投资决策产生的影响，以及高管团队异质性对高管特征与企业创新投资关系。另外，探讨内部的首席执行官权力大小对高管团队的创新战略决策的影响以及外部环境不确定性对高管团队创新战略决策影响，这些在过去的研究中较少被提到，是值得深思和探讨的问题。

1.2 研究目的和意义

1.2.1 研究目的

目前，已有研究主要针对高管团队特征及异质性与企业战略决策、绩效等方面进行了大量主效应的探讨，但对于创新投资战略的研究较少，而且多数研究还忽视了首席执行官和环境不确定性对高管团队创新投资决策的影响。本书在已有研究的基础上，进一步提出学术问题，在以高管团队人力资本变量构建和企业外部环境不确定性的度量基础上，以高层梯队理论、创新理论、社会类化理论、信息决策理论、资源依赖理论和代理理论为支撑，利用数量分析模型进行研究，分析高管团队特征及异质性对企业创新投入的影响，同时考虑外部环境动态变化和首席执行官权力对高管团队特征与企业创新投资决策之间关系的影响，以提高企业创新战略决策的实施效果和合理配置企业创新资源为目标，为推动高管团队人力资本合理配置以及优化我国上市公司高管团队规模和制度建设提供理论和实证方面的经验证据。本书主要有以下研究目的。

（1）通过建立高管团队特征及异质性影响企业创新投资的理论分析框架，揭示高管团队特征及异质性对企业创新投资的影响机理。以高层梯队理论、创新理论、社会类化理论、信息决策理论、资源依赖理论和代理理论为理论依据，结合上市公司高管团队的工作职责与权限，阐述了高管团队影响企业创新战略的内在机理。

（2）探讨高管团队特征及异质性之间交互作用对企业创新投资的影响。现有研究已经表明，高管团队特征及异质性对企业创新投资具有影响，但是尚未有研究各高管团队特征及异质性之间对企业创新投资的影响是否存在交互效应，任何一个团队都是具有一定人力资本的高管团队成员组成的综合体，本书探讨了高管团队成员人力资本、人力资本异质性、薪酬激励之间协调效应对企业创新投资产生的作用，以期能够优化高管团队结构、完善企业资源配置，设计最优高管团队薪酬契约组合，进而为企业实施创新战略提供人力资源配置的解决方案，同时为国家的创新激励政策提供企业方面的理论和实证证据。

（3）指明外部环境不确定性和企业内部首席执行官权力对高管团队特征及异质性与企业创新投资战略选择关系的调节作用。一方面，企业是嵌入社会经济环境中的，因此，企业高管团队在实施创新投资战略决策时，必然会受到诸多经济环境因素的影响，环境不确定是指企业外部环境因素动态变化过程中的不可预测性和不稳定变化的程度。环境不确定增加了企业在外部环境之中遇到较大风险的可能性，创新投资作为一项风险性较高的投资项目，对于外部环境不确定性的敏感性程度更高。另一方面，首席执行官是高管团队的核心成员，能够影响高管团队成员的创新战略决策。因此，本书研究中考察选择能够反映高管团队认知和价值观的人口统计学特征及高管团队异质性特征变量，例如年龄、学历和任期等变量。利用研究与开发投入来衡量企业的创新投资水平，并考察了微观公司治理因素（如首席执行官权力）以及宏观环境因素（如环境动态性和丰富性）在高管团队特征及异质性与企业创新投资战略选择中的作用。而后建立高管团队的创新投资战略的研究模型，通过模型研究，既可以为后续研究提供理论基础，又能够指导我国上市公司高管团队在外部环境不确定时，作出科学合理的创新战略选择。

1.2.2 研究意义

（1）理论意义。本书以高管团队为研究对象，针对企业的整个高管团队的外部信息和资源的获取能力会影响企业战略的制定和实施过程，建立了外部环境动态变化—高管感知（高管团队特征及异质性）—高管战略决策—创新战略—企业创新投资决策的理论框架。另外，由于居于企业高管团队领导核心的首席执行官会直接影响公司战略和资源分配情况，因此，本书检验首席执行官结构权力、专家权力和声誉权力对不同高管团队特征及异质性团队的创新战略决策的影响。研究的理论意义包括以下四个方面。

一是构建高管团队对企业创新投资战略影响的理论模型，整合现有理论考察宏微观因素对高管团队创新战略的影响，丰富了现有的高管团队研究的理论成果。本书研究结论扩展了高管团队组织行为的研究内容，解读内外部环境对企业创新行为的影响机理，延伸了外部环境与企业内部高管团队微观行为的研究边界，为后续研究提供了理论参考。借鉴德斯和彼尔德（Dess & Beard，1984）对环境不确定性的计量模型，从动态性和丰富性两个维度度量企业外部环境的不确定性，考察企业外部环境对企业创新活动的影响，丰富符合我国国情和市场机制的环境不确定性的文献。本书建立外部环境变化过程中高管团队特征对企业创新投资决策的影响及其随环境动态演变过程的规律，创新性地提出了高管团队人力资本对公司创新决策作用的外部环境影响机制，形成外部环境政策变化影响企业外部信息和资源环境—高管感知—高管进行战略决策—创新战略—企业创新投资决策的理论框架，意在突破现有文献对企业内部封闭系统的静态研究框架。因此，本书是站在前人的理论和实证研究基础上，增加了相关宏微观因素变量考察高管团队特征对创新投资战略的影响效应，完善原有研究的逻辑框架结构。

二是对高层梯队理论的贡献。现有的学者大多关注高管团队特征对战略决策的直接影响，较少关注外部环境变量对高管团队特征与企业创新投资之间关系的影响机理。高层梯队理论是在非社会情境下探讨管理者的决策行为，忽视了管理者在开放的组织环境系统条件下会产生感知、学习和模仿的行为。高管团队制定企业创新战略决策的过程中受到环境不确定性变化的限制，因此，高管团队在进行创新战略决策的过程中会因企业所处外部环境的不确定性程度的不同而存在差异。企业的动态环境中，是否能够实施长期竞争的创新战略取决于企业高层管理团队是否愿意持续地挑战现有的管理模式和方法。普拉哈拉德和哈梅尔（Praharad & Hamel，1990）认为，全球的竞争模式不仅是产品的竞争以及企业与企业之间的竞争，更是思维模式与思维模式、管理模式对管理模式的竞争。本书从环境动态性和丰富性两个维度对环境不确定性进行划分，考察不同环境不确定条件下高管团队特征及异质性对企业创新投资影响的差异，有助于更全面客观地认识高管团队特征及异质性对企业创新投资作用及其现实外部环境的限制条件，使理论研究更接近现实的实践情况，增强对高管团队创新战略决策的适用性。

三是有助于丰富企业内部影响因素对企业创新投资决策影响的研究。首席执行官是高管团队的核心，是企业战略制定和资源分配的主要领导者，在中国特有的企业制度背景下，首席执行官权力大小程度会影响高管团队战略制定和实施的效率，因此，本书探讨首席执行官权力对高管团队特征及异质性对企业创新投资的调节效应，有助于了解首席执行官在企业管理方面作用。

四是有助于拓展对高管团队及其异质性进行研究的领域。以往研究主要侧重单个高管特征对于企业创新投资的影响，而企业战略的制定要发挥全部高管团队的作用，因此，本书考察了全部高管特征对企业创新投资的影响。同时考虑高管团队特征及异质性交互作用对企业创新投资的影响，拓展高管创新战略决策影响的边界条件，为提高上市公司创新能力以及高管团队运作效率提供理论依据、经验证据和政策建议，并丰富现有的文献研究。

（2）实践意义。目前创新成为宏观经济发展和微观企业提升核心竞争力的关键之所在。企业是宏观经济的重要组成部分，是国家实施创新驱动发展战略和习近平总书记提出的"创新、协调、绿色、开放、共享"发展理念的具体执行者，但是我国企业技术创新能力普遍较低，原创性的自主创新更少，相较于国外的企业，我国政府以及外部环境对企业创新投入、产出及企业创新效率具有重大影响。此外，高层管理团队肩负了制定企业重要战略决策的职责，领航企业当下生产经营活动，是企业中具有开拓能力和高瞻远瞩精神并被寄予最大厚望的前瞻性团队组织，因此，高层管理团队的人口统计学特征体现了企业整体决策的偏好和能力。而在经济全球化进程中，新兴产业迅猛发展，要想抢占未来世界经济科技竞争的制高点就要抢占新兴产业发展先机，我国创新性强的企业被寄予厚望。本书的实践意义表现在以下四个方面。

一是有助于推动企业面对外部环境变化时作出科学合理的创新战略决策。在动态环境下，有效地推动企业创新战略实施成为企业管理中遇到的重要问题。中国企业面临着剧烈的竞争，制度和技术环境的变化给企业的创新战略的实施和管理带来了巨大的冲击，很多企业必须不断调整战略，包括企业的创新战略，从而适应外部动态多变的环境，只有随着外部动态环境的变化而不断加强企业的研发投资力度、强化企业创新效率，企业才能赢得竞争优势，进而整体提高企业的核心竞争力。本书基于资源依赖理论，探讨企业创新战略的变革和实施，具有重要的实践意义。

二是有助于优化高管团队成员配置和组合，提高企业技术创新水平，从而提升企业的核心竞争力。核心竞争力是保持企业持续稳定增长的根本动力，在激烈的市场竞争环境中，只有创新能力强的企业才能脱颖而出。管理者只有主动创新和竞争才能把握住稍纵即逝的机会。高管团队作为企业的人力资本，具有稀缺性、高价值性和不可模仿性等特征，日益成为企业核心竞争力的重要来源之一。因此，高管团队成员作为一种资源，需要合理整合配置，使高管团队在企业内部形成良性互动模式，这样才能提升企业的核心竞争力，实现准确合理的战略决策。本书为企业选拔、培养高层管理团队人才提供有益启发，为企业高层管理团队人员配置提供现实指导意义，也为企业在动态复杂的环境下提升高层管理团队适应性和团队运行效率提供一定的借鉴。

三是为我国政府监管部门完善企业高管团队制度方面提供有效的建议。目前的相关法律法规（《中华人民共和国会计法》和《中华人民共和国证券法》）都对高管团队方面设立了相关的规定，规范了高管团队中董事会成员要求和董事会的职能等。因此，本书为政府监管部门对于优化企业内部高管团队成员配置提供了一定的证据和建议。

四是强化政府对企业创新的扶持力度。促进政府落实符合创新驱动发展策略的制度和政策以及相关的法律法规体系等，例如政府实行的研发费用税前加计扣除政策，政府应根据企业创新资源的不同实行不同的扶持政策，同时，还应给予创新创业型企业更大优惠扶持政策。

1.3 文献综述

1.3.1 高管团队的研究

（1）高管团队特征对企业影响。国内外学者对于管理团队特征的研究大多数都以汉布里克和梅森（Hambrick & Mason，1984）提出的高层梯队理论为基础，配合公司战略理论、核心竞争力理论以及行业环境分析理论等，对高管团队特征以及经历进行归类，并研究其与企业竞争力、战略决策及企业绩效之间的关系。卡朋特等（Carpente et al.，2004）研究认为，高管团队人口统计学特征可以作为高管认知偏见的最佳替代者，人口统计学特征一般指年龄、学历、任期、性别和职业等方面。

第一，关于高管团队年龄的研究。年龄会影响高管个人的背景、经历、价值观和风险偏好，年轻的管理者与年长的管理者相比，在成长环境和职业经验等方面存在差异，导致他们在工作中表现出不同的看法和行为方式。通常认为，年轻人更喜欢冒险、更富有想象力，而老年人更有经验、更善于控制风险。泰勒（Taylor，1975）认为，年长的管理者由于体力、精力、学习能力和推理能力等下降，其适应环境变化及信息整合的能力也较弱，因此，他们决策时更多的是靠过去的职业经验，且不愿意采取冒险行为。德乔和斯隆（Dechow & Sloan，1991）研究表明，高管年龄与企业的研发投入水平存在负相关关系。巴克和米勒（Barker & Mueller，2002）认为，首席执行官年龄与企业研究与开发投入存在负向关系。孙海法等（2006）认为，在外部环境超级竞争的情况下，平均年龄较低的团队能够抓住战略机会，促使企业抢占战略布局优势。蒂豪尼等（Tihanyi et al.，2000）对国际化企业进行研究，发现团队平均年龄与企业国际化扩张程度呈现负向相关关系，这说明年轻的高管能够推进企业实现国际多元化经营活动的进程。此外，蔡尔德（Child，1975）研究表明，年轻高管相比年长高管，其工作经验不足，工作满意程度较低，且处于不稳定的波动状态，因而导致企业销售收入发生波动。

第二，关于高管教育经历的研究。对于企业来说，创新机会需要高管具备一定的识别能力和认知能力来收集和处理信息。学历水平的高低在一定程度上反映了一个人的认知能力、价值观和信息处理能力。可以说，企业的活动与管理者的受教育程度息息相关。沃利和鲍姆（Wally & Baum，1994）认为，较高的受教育程度意味着更强的信息处理能力，更易于改变和实施变革创新，拥有较高的受教育程度的首席执行官具有更强的信息处理能力，创新性强的公司一般由受教育程度较高的首席执行官管理。而受教育程度越高的团队成员越能够提升企业战略资源的汇集效率，这样的高管团队能够迅速收集和整理企业内外部对战略决策有用的信息，有利于企业创新战略决策的制定和实施。然而，也有学者得出相反的结论，弗勒德等（Flood et al.，1997）认为，教育程度高的团队成员存在信息的无效分析，平均学历低的高管团队与平均学历较高的高管团队相比较而言开发新产品的速度更快，这是因为受教育程度高的管理者会作出回避风险的战略决策。

第三，关于高管团队任期的研究。任期反映团队成员自我选择的过程，表明他们愿意接受企业准则和观点而留在企业的时间长短。一般来说，任期是决定高管成员知识共享和认知传递的关键因素。高管的任期越长，能够对所处行业的情况产生更加深刻的了解和认知，建立外部社会网络，掌握更多的社会资源，在内部管理方面积累丰富的经验，使团队成员之间的配合更加默契，形成较强的团队凝聚力和战斗力，这些对企业发展都会带来积极的促进作用。随着管理者任期的不断增长，他们的社会经验和知识水平得到很大程度的提升，更能够识别外部环境的机会和威胁以及更加了解公司的内部环境，并能够判断哪种活动对企业更加有利，从而影响并改变企业的战略选择，包括对于研发项目的影响。高管较长的任期具有的优势还体现在任期与战略持久性和抵制变革能力相关联。而且较长的任期还会增强企业凝聚力，形成基于理念、信念和过去成功经验的共同认知，更加认可企业的价值观，形成整体信念系统，更加有利于制定和实现多元的国际化经营模式。管理者在工作初期会积极努力学习各种知识，对早期的成功战略模式产生心理承诺，使他们更加确信自己所作决策的正确性，而任期较长的高管可能更加安于现状，思维模式固定和陈旧，战略决策制定更加保守，并抵触和厌恶风险，抵制企业变革，高管团队对于风险性较高的研发投资的创新战略热情度不高，更倾向于保持稳定的战略态度。任期较长的团队，可能形成内部小团体，排斥外部观点和意见，成员间的互补优势被削弱，使他们更加依赖已有战略。

第四，关于高管团队性别的研究。管理学和心理学的研究表明，不同性别的企业高管对企业行为具有不同的影响，相对于男性管理者，女性高管表现出更加细心和理性的特征。学者普遍认为，女性高管大多表现出更加细心、敏锐、擅长情感表达和不愿冒险等特征。基于女性高管的这些特征，一方面，学者们认为，女性高管能够促进团队沟通，作出科学的战略决策。博登和努奇（Boden & Nucci，2000）通过对美国企业家的调查研究发现，女性企业家经营的企业在同行业中与男性企业家相比，其生存能力更强。亚当斯和费雷拉（Adams & Ferreira，2009）在研究女性成员在董事会中的作用时指出，不同性别的董事会成员有助于董事会作用的发挥，进而能提高董事会的效率和公司业绩。德怀尔等（Dwyer et al.，2003）在研究高管性别和公司绩效关系时发现，高管的性别与公司文化密切相关。斯利瓦斯塔瓦和李（Srivastava & Lee，2005）研究发现，女性高管占比较高的企业，更加能够成为行业的领军者而非跟随者，推进新产品的开发速度高于其他竞争对手。德若和罗斯（Dezsö & Ross，2012）认为，女性参与到高管团队中能促进团队内部的信息沟通和交流，更好地洞察顾客的行为和心理，从而把握住顾客需求，制定有针对性、差异化的产品创新和市场创新策略。曾萍和邬绮虹（2012）指出，女性高管情感细腻、善于情感表达能够促使高管团队形成良好的合作氛围，从而形成积极的战略决策。另一方面，学者们认为，女性高管具有较低风险承担能力而倾向于选择保守的投资策略。克罗松和葛尼兹（Croson & Gneezy，2009）研究发现，与男性高管相比，女性高管偏好于低风险战略决策，对于风险性较高的创新项目投资可能会采取保守的规避方式。雷辉和刘鹏（2013）认为，女性高管更倾向于回避风险，不愿采取冒险行为，女性高管在高管团队占比越高，企业技术创新水平越低。

第五，关于高管团队职能背景的研究。高管特征的研究逐渐从简单人口统计特征向结构化特征转变，对于高管职能背景的研究就是其中的一个转变。高管的职能背景是指高管曾经在不同行业、不同企业或在同一个企业的不同部门的工作经历，会影响高管的经验、技能、心智模式和战略决策偏好等。高管职能背景有不同的分类方式，代表性的是汉布里克和梅森（Hambrick & Mason，1984）的"三部门分类法"，将高管的职能背景分成产出型职能、生产型职能和外围型职能。汉布里克和梅森研究发现，在动态产业环境中，产出型的职能背景特征更能够正向推动企业获利和成长，但在稳定性产业环境中，生产型职能背景特征更加高效。还有学者将职能背景分成研发背景、生产背景、管理背景、购销背景、财务背景和经济背景。达伦巴赫等（Daellenbach et al.，1999）将高管的职业背景划分为财务、生产、研发、工程技术、营销和法律六类，研究发现，拥有技术背景的高管成员的比例越高，公司的创新性越强。巴克和米勒（Barker & Mueller，2002）的研究也得出了类似的结论，当首席执行官获得的是技术类学位时，其经营的企业拥有较高的研发投入水平，而法律和商业类背景首席执行官会更多地规避来自研发方面的风险，具有市场和技术职业生涯的首席执行官比拥有法律或财务职业生涯的首席执行官更加支持企业创新活动。然而，也存在不一样的观点，格里姆和史密斯（Grimm & Smith，1991）研究显示，具有工商管理硕士（MBA）背景的高管更愿意采取产品多元化发展战略，更愿意接受企业战略变革。汉布里克（Hambrick，2007）认为，企业战略背景与行业环境会影响高管团队人力资本特征与企业财务绩效之间的关系。

第六，关于高管团队薪酬激励的研究。高管薪酬作为一种委托代理的重要激励机制，能够约束高管的短期行为，有助于促使高管进行技术投资决策，使企业保持持续技术创新动力，并持续提升企业的绩效水平。一方面，学者研究了薪酬激励对企业绩效、战略选择和投资效率方面的影响。卢锐（2014）认为，高水平的事前薪酬可以促进公司高管进行创新投资。有效激励机制可以预防高管"偷懒行为"，抑制高管规避风险的行为，从而促进企业技术创新。周铭山和张倩倩（2016）研究发现，政治晋升激励使国有企业首席执行官专注于研究与开发投入的有效性，提高了创新投入产出率，并且还发现薪酬激励正向调节国有企业首席执行官政治激励的有效性，而在职消费负向调节国有企业首席执行官创新的政治激励有效性。高管薪酬激励既包括显性激励又包括隐性激励，显性激励具有明确的合同，例如货币薪酬激励和股权薪酬激励，而隐性的激励模式没有明确的合同，是一个契约体系，由多种薪酬契约协同作用的结果。相关学者研究了这些不同激励模式的整合效应。徐宁和徐向艺（2013）研究发现，薪酬激励、股权激励以及控制权激励三者对技术创新的影响具有整合效应，而非单一效应。由于数据的获取存在问题，学者在研究时将重点聚焦于显性薪酬激励，较少考察隐性激励对创新的影响。另一方面，学者基于一定的情景背景下研究薪酬激励与企业绩效、战略选择和投资效率的关系。王旭和徐向艺（2015）研究不同生命周期阶段高管薪酬激励、声誉激励和控制权激励发挥着不同的作用，提出最优薪酬激励模式组合的动态配置方案。

高管团队人口统计学特征上的差异并非是导致战略选择和绩效水平差异的根本原因，还需要了解不同性别、年龄和职业背景团队之间互动的过程，只有加入团队运作的"过程"变量，才能真正发现影响企业绩效的内在因素。随后，汉布里克（Hambrick，1994）对之前的理论进行了第一次修改，从高管团队的构成、结构与过程三个方面进行分解，充分考虑了团队成员之间的冲突、沟通、互动、信息共享和团队合作等行为，认为团队的互动和整合比单独研究单个领导行为更加全面，之后基于此观点，很多学者积极研究高管团队内部的权力分配、冲突、内聚力和激励等的运作过程对绩效的影响具有直接关系。一方面，高管成员的地位差异可能导致冲突的产生，影响企业绩效，企业成员在地位竞争时，会全面挑战其他人的地位，导致企业内部发生地位冲突，进而影响企业信息沟通与交流，对企业绩效造成负向作用。武立东等（2016）研究发现，董事会地位差异，阻碍了成员的信息沟通，加重了企业的投资不足现象。束义明和郝振省（2015）研究发现，沟通频率、沟通氛围以及非正式沟通会对决策绩效产生正向作用。另一方面，企业成员的地位差异可能形成良好的秩序和规则，促进企业决策有效率和有效果的执行。何和黄（He & Huang，2011）认为，当企业面临任务导向的问题时，低地位的成员由于地位差异能够更好地受到高地位团队成员的领导，提高企业的工作效率，增加战略决策的有效性。此外，还有学者对高管团队心理方面进行研究，赫舒拉发等（Hirshleifer et al.，2012）研究发现，过度自信的首席执行官能更多地将企业资金投入创新项目中，且成功的概率更高。徐淋等（2015）研究证明，高管纵向薪酬差异与绩效正相关。

随着研究的深入，学者们引入更多的人口统计学背景特征的变量，对于心理结构和团队运作变量方面进行了拓展，出现了调节变量和中介变量，例如采用高管的管理自由度、过度自信心理、企业家精神、工作需要以及团队绩效等调节变量，但是郝二辉（2011）认为，这些调节变量的增加和评价方式具有较大的随意性并缺乏系统性的考虑，卫旭华等（2015）研究发现，高管团队权力不平等对创新强度的影响存在中介效应，即高管团队权利不平等导致较高的任务型断层强度，进而产生较高的企业创新强度。同时，任务型子群体不均衡程度越高，任务型断层强度与创新强度之间的正向关系越高，这是一个有调节的中介效应研究。

（2）高管团队异质性对企业影响。异质性是指一个社会单元群体所表现出来的差异性。一般来说，高管团队异质性是人口统计学特征的差异构成，是团队成员之间年龄、认知、学历、专业和经验方面形成的知识互补和整合。高管团队异质性特征分为外部易观察特征和内部深层次特征，外部易观察特征异质性主要包括团队年龄、性别、种族、教育水平和职业背景等显性特征。内部异质性特征为团队成员的人格、价值观、风险偏好和信念认知等不同方面。高管团队异质性对管理者行为的作用仍是一个未知数，但异质性与高管团队战略决策相关已被大多数实证研究证明。异质性被认为是与群体现象最为相关的群体维度之一，因而是研究者所关注的一个重要问题之一，本书将异质性作为后续研究的杠杆支点。

不同的学者对异质性具有不同的分类方式，本书主要探讨的是外部易观察特征。表 1 - 1 中是一些学者对于异质性特征的研究。

表 1 - 1   高管团队异质性特征研究变量的选择

地域	学者	选取的特征变量
国外	班特尔和杰克逊（Bantel & Jackson，1989）	年龄异质性、任期异质性、教育背景异质性和职业背景异质性
	维塞马和班特尔（Wiersema & Bantel，1992）	年龄异质性、教育专业异质性、团队任期异质性、组织任期异质性
	米歇尔和汉布里克（Michel & Hambrick，1992）	团队平均任期、任期异质性、职业背景异质性
	达布布等（Daboub et al.，1995）	年龄和职业背景异质性、年龄异质性、教育水平异质性
	蒂豪尼等（Tihanyi et al.，2000）	年龄异质性、任期异质性、教育专业异质性和职业背景异质性
国内	魏立群和王智慧（2002）	年龄多元化、教育背景多元化、职业来源多元化
	焦长勇和项保华（2003）	年龄结构差异、任期差异、受教育程度差异、职业背景差异
	胡蓓和古家军（2007）	年龄差异、任期差异、教育水平差异
	姚振华和孙海法（2010）	最高学历异质性、工作经历异质性、任期异质性等
	贺远琼和杨文（2010）	年龄异质性、任期异质性、教育背景异质性和职能背景异质性
	王雪莉等（2013）	职能背景
	刘柏和郭书妍（2017）	学历水平异质性、海外经历异质性

从表 1 - 1 中可以看出，学者们选择异质性特征研究时通常与高管特征变量的内容一起探讨，并相互对应，例如，当研究年龄特征时，会同时研究年龄异质性特征。另外，有学者认为，教育、职业背景和任期等特征是高管认知和经验形成的源泉，它比年龄特征的影响更加重要，是高管应对纷繁复杂环境变化的主要特征因素。本书选取高管团队成员的特征时借鉴以往学者的研究，选择平均年龄、学历和任期等指标，在选择异质性指标时，根据对称性原则，选择年龄异质性、任期异质性和教育背景异质性等指标来衡量创业板上市公司高管团队成员异质性。

关于高管团队异质性的研究，具体如表 1 - 2 所示，大部分学者分别从社会认同理论（social identity theory）和信息决策理论（information and decision-making theory）两个视角加以解释和分析。他们争论的交点在于异质性能够对团队决策和战略决策起到有利的作用还是有害的作用。国外有学者从多维角度对异质性进行分析，得出了以下观点：一些与工作高度相关的团队异质性，例如受教育程度和职业背景等对企业绩效有积极的影响。而另一些与工作低度相关的团队异质性如年龄和性别等对企业绩效具有消极负面的影响。然而，也有些学者认为，两者的相关性与企业的其他环境因素存在一定的联系，例如企业所处的行业等，凯克（Keck，1997）分行业对团队异质性进行研究发现，对于计算机行业，异质性高的高管团队，企业运作效率最高，而对于混凝土行业，同质性高的高管团队其效率也更高。

表 1 - 2　　　　　　　　　学者对于高管团队异质性对企业影响的研究

地域	学者	研究内容
国外	诺拿布恩和伯利（Norburn & Birley，1988）	高管团队异质性对企业决策的影响
	普里姆（Priem，1990）	高管团队异质性对企业战略的一致性的影响
	艾森哈特和肖恩霍温（Eisenhardt & Schoonhoven，1990）	高管团队异质性与企业增长率的相关性
	芬克尔斯坦和汉布里克（Finkelstein & Hambrick，1996）	高管团队异质性对企业战略多样化影响
	格里宁和约翰逊（Greening & Johnson，1997）	高管团队异质性与企业危机程度的倒"U"型关系
	蒂豪尼等（Tihanyi et al.，2000）	高管团队异质性对企业的国际化程度
	费里尔（Ferrier，2001）	高管团队异质性对企业竞争战略的影响
	科尔（Kor，2003）	高管团队异质性对创业团队绩效的影响
	布恩等（Boone et al.，2004）	高管团队异质性降低后续企业绩效
	奥尔森等（Olson et al.，2006）	高管团队异质性对绩效的影响，创新和 M&A 为中介变量
国内	肖久灵（2006）	高管团队异质性对团队工作效能的影响
	古家军和胡蓓（2008）	高管团队异质性对战略决策的影响
	马富萍和郭晓川（2010）	高管团队异质性对企业技术创新绩效的影响
	王雪莉等（2013）	高管团队异质性对企业绩效的影响
	韩庆潇等（2017）	高管团队异质性对创新效率的影响

高管职能异质性指企业高管成员进入团队前工作经历的差异程度。目前，国内外关于高管职能异质性与企业绩效之间关系的研究结论并不一致。大体上，国外研究多证实了高管职能异质性对企业绩效具有促进作用，而国内的研究较多认为高管职能异质性会降低企业的绩效水平。汉布里克和梅森（Hambrick & Mason，1984）研究发现，高管的职业经验对于企业的战略选择具有重大的影响。汉布里克和芬克尔斯坦（Hambrick & Finkelstein，1995）认为，高管团队职能背景异质性会助推团队中不和谐因子的膨胀，同时职能背景异质性也是团队人力资本效率低下的主要原因。坎内拉等（Cannella et al.，2008）研究发现，高管团队

职能背景异质性与企业财务绩效不存在显著的相关性。布恩和亨德里克斯（Boone & Hendriks，2009）发现，在提升企业业绩上，团队行为合作和开放交流是高管团队职能背景异质性的前提条件，集体决策能够显著提高职能背景异质性对企业绩效的功效。李等（Li et al.，2013）研究证实，高管团队职能背景异质性与认知行为冲突和情感冲突显著正相关，并且团队冲突在高管团队职能背景异质性与企业绩效之间起到中介作用。

1.3.2 企业创新影响因素

近些年来，涌现出大量的关于融资与企业创新的研究，金融融资市场和制度在一定程度影响了企业技术创新的启动、过程、特征和结果，这些问题对于企业的投资者、企业的合伙人、社会学家以及政府政策制定者都是非常重要的，因为它关系到一个公司的长期竞争优势，同时创新对于整个国家的经济增长也具有重要的推动作用。因此，对于微观企业来说，创新是企业保持竞争优势、生存和发展的根本动力，是每一位高管团队成员需要考虑的问题。国内外学者对于企业创新的研究进行了深入的探讨和分析，大体上分为公司层面、市场层面和政府层面三个方面。

（1）公司层面的影响因素。关于企业创新的公司层面的影响因素主要有风险投资、公司的内部因素特征和公司的外部因素特征三个方面。

第一，关于风险投资。风险投资是初创型企业的一种有效的股权融资模式。科图姆和勒纳（Kortum & Lerner，2000）首次论述了风险投资活动的增加与专利注册数呈现显著的正向关系，研发活动也更集中在优势领域，并且具有较高的研发投入和专利产出效率。此外，田和王（Tian & Wang，2011）利用 1985～2006 年的风险资本支持的首次公开募股（IPO）公司证明了高失败容忍度的风险投资资本家更能够强化企业创新，此研究首次利用了一种新的测量风险投资失败容忍度的方法。以上学者的研究都是独立的风险投资资本公司。还有一种子公司的风险投资资本的相关研究，切姆曼纽尔等（Chemmanur et al.，2014）利用 1980～2004 年的上市公司为样本研究发现，虽然公司风险投资资本支持的公司与独立的风险资本公司相比更加年轻、更具风险性并获得较少的利润，但却更具有创新能力，具体表现在产出更多的专利，并且专利获得更高的引用频率。这种情况产生的原因可能是风险投资资本支持的母公司和创业公司的技术比较适合，风险投资资本支持的公司比独立风险投资公司对于创新失败的容忍度更高。另外，风险投资结构也会影响企业创新，风险投资的背景多种多样，不同类型的风险投资机构会产生不同的投资目标、风险偏好，并对创新产生不同程度的影响。苟燕楠和董静（2014）研究发现，具有政府背景风险投资参与的投资者、公司背景风险投资参与的投资者以及混合资本背景风险投资参与的投资者都与企业研发投入呈负相关关系。陆瑶等（2017）探讨了"辛迪加"联合投资的公司比单独投资的公司创新能力更强，同时联合投资机构数目越多，风险投资持股时间越长，对企业创新的正向影响越大。

第二，关于公司内部因素特征。本书将回顾一下公司层面影响企业创新内部的深层因素，尤其是股东、所有者和剩余索取权的拥有者控制影响企业创新投资的一些内部治理因素，例如首席执行官激励、管理风格和个人特征，高管的契约激励措施，公司授权的高管管理机制以及董事会的监督激励等。

首席执行官是上市公司中最重要的决策者，负责配置公司资源，规划公司战略，决定公司利润的财务分配策略，因而首席执行官激励及管理风格和个人特征会对公司创新活动的方向、重点和进展情况产生实质性的影响。加拉索和西姆科（Galasso & Simcoe，2011）利用股权期权衡量首席执行官过度自信，过度自信的首席执行官容易低估失败，并且更愿意投资于存在固有风险和不确定性的创新项目，研究结果显示，过度自信的首席执行官管理的公司拥有更高比重的专利引用比例，并且这种效应在竞争激烈的行业中更加明显。同样地，王山慧等（2013）认为，过度自信的首席执行官对于研究与开发项目的投资更多，相比于非高科技和非国有企业来说，管理者过度自信对企业创新投入的影响仅存在于高科技企业和国有企业中。还有学者的研究不同于期权方法衡量过度自信，另外，还有利用新闻报道形式衡量首席执行官过度自信的研究。但是与加拉索和西姆科（Galasso & Simcoe，2011）的研究不同，有学者的研究认为，过度自信的首席执行官能够促进企业创新的情况仅仅存在于创新型产业中。此外，还有很多学者探讨了首席执行官的个人特征对企业创新的影响。森德等（Sunder et al.，2017）利用 1993 ~ 2003 年 1 200 个首席执行官的 4 494 个样本观测量，研究发现，首席执行官对于利用飞机飞行的爱好程度与他掌管公司的创新活动正相关，尤其是这些测试样本首席执行官能够产生更多的专利和引用频率，表现出更高的创新效率。除了个人特征外，首席执行官的技能也能够促进企业创新的成功。卡斯托迪奥等（Custo-dio et al.，2017）研究发现，通才的首席执行官能够激发创新，主导公司产出更多的专利，这些专利在未来拥有更多的引用频率，与开发创新战略相比，公司更加倾向于探索式的创新战略，这是由于通才的首席执行官对于失败具有更高的容忍性，在创新开始阶段失败时，他们具有运用管理技能处理危机的卓越能力。费尔雷等（Faleye et al.，2014）研究发现，首席执行官的个人社会网络连接会更多促使企业从事创新活动并产出更多和更高质量的专利，这是由于首席执行官具有较高的风险承担能力并能够利用个人网络获得创新相关的信息。除了首席执行官的个人特征和技能外，首席执行官的薪酬激励计划也会影响其管理风格和公司战略的设计和规划。以下是关于首席执行官薪酬激励影响企业创新的一些研究。对创新投资较多的公司而言，首席执行官和高管薪酬激励有何特质，巴兰彻克等（Baranchuk et al.，2014）对这方面内容进行了研究，发现创新的激励计划与公司的创新活动显著正相关，这说明了一个公司致力于创新的意图与给予首席执行官更高薪酬激励、更长的行权期和对于高管早期投资失败更好的保护机制这几个方面是紧密相关的。

由于创新具有长期性、不可预测性和风险性等特点，因此，创新不仅需要首席执行官的努力，还需要来自非首席执行官高管以及再低一些级别人员的努力才能实现。近些年来的一些研究揭示了怎样的激励计划才能促使非首席执行官高管以及普通职员实施公司创新项目的投资政策，例如，常等（Chang et al.，2015）研究发现，职工的股票期权能够正向促进企业创新产出的数量和质量。还有关于创新激励与个体职工的研究，例如绍尔曼和科恩（Sauermann & Cohen，2010）研究了在研发部门工作的员工存在的各种各样的动机与企业创新绩效之间的关系，采用的数据样本为 1 700 名具有博士学位的科学家和工程师，他们发现不同动机影响产生了不同的创新结果。当动机是关于智力挑战、独立性和金钱等方面时，其与创新产出是正相关关系，而那些关于责任和工作安全性的动机似乎与创新绩效是负相关关系。杜塔和范（Dutta & Fan，2012）研究了集权式和授权式投资决策哪种能够激励公司部门经理更好地实施创新战略，研究发现在授权模式下创新活动水平要高于在集权模式下的创新活动水平。这是由于，在授权模式下企业总部会针对创新活动给予管理者更多的薪酬，而不会有任何监督检测管理者的方式。

另外，除了为高层和部门经理以及员工提供适当的激励以促进企业创新之外，股东还可以通过改变董事会的功能属性直接影响公司创新活动的规模和范围，这是由于董事会在监督和指导企业管理者方面起着至关重要的作用。例如采取独立董事制度后，巴尔丝迈耶梅尔等（Balsmeier et al.，2017）发现，具有独立董事会的公司会产生更多更好的被引用的专利，但主要集中在比较熟悉的技术领域。这说明，这些公司没有积极探索新的领域和制定风险性的创新战略，结论还说明，对于公司董事会实施更大监督权可能会提高管理者的关注度和生产力，但是这并不能够帮助企业投资于新的或未经探索过的技术项目。

以上是主要内部治理机制对于创新影响的研究，另外，本书还要探讨公司层面的外部治理形式通过积极活跃的市场影响公司内部的代理冲突，从而塑造首席执行官和关键高管的创新激励机制。一方面，一个活跃的经理人市场可能会通过约束管理者而减少道德风险问题，如果没有对这些管理者的监管，他们会倾向于缩减投资或投资到具有快速而安全回报的项目。有效的约束，可以使管理者感受到外部存在被取代工作的威胁性，会激励管理者努力工作，并提高他们对企业创新的努力工作程度。另一方面，由于契约的不完备，管理者可能不愿意将人力资本投入创新项目中，因为害怕被恶意收购者获得创新项目的利润而无法得到初始的项目成本，因此，外部收购市场可能阻碍管理者的创新行为。阿塔纳索夫（Atanassov，2013）研究通过反收购法律与没有通过反收购法律的美国地区的企业相比后发现，企业经历敌意收购的威胁性降低，同时还会导致产生较少的专利，而且产生专利的质量也有所降低。另外，很多研究分析公司组织资本如何影响创新，但很少关注组织资本和员工的人力资本在创新的努力过程中的作用，管理者和员工对创新的影响谁更重要是一个有趣且重要的研究问题。罗梅罗和马丁内斯罗曼（Romero & Martínez-Román，2012）通过对西班牙700多名自我创业者的调查研究发现，创业者教育背景、创业动机和小企业管理风格等对创新会产生重要影响。钟田丽和胡彦斌（2014）以创业板上市公司的样本数据为研究对象，研究公司高层管理团队的人力资本如何影响企业创新活动，还研究了人力资本特征对研究与开发投资与融资结构相互关系的影响程度，为完善我国创业企业治理结构、加强团队成员和核心技术人员队伍建设、规范企业研究与开发投资行为和优化企业的融资结构提供了理论依据。

第三，关于公司外部因素特征。进一步讨论公司外部环境和那些超出股东直接控制而影响企业创新过程和结果的相关文献。例如各种金融中介机构的研究、财务分析师、机构投资者和对冲基金、股票市场交易、价格和利益相关者对企业创新的影响。

以往的一些文献主要研究财务分析师在信息生产和传播活动中起到的积极作用。何和田（He & Tian，2013）揭示了财务分析师在企业创新方面存在潜在的负面影响，研究发现，越多的金融分析师跟踪公司，反而会产出更少的专利，并且所产生的专利在未来获得更少的引用，结果表明，金融分析师可能会给管理者施加更多的压力来满足短期收益目标，促使他们减少长期创新项目的投资。一些文章探讨了机构投资者如何影响创新过程。赵洪江和夏晖（2009）研究发现，总体上来说机构投资者对企业创新投入的作用不显著，但当考察不同机构对公司创新投入的影响时，发现压力抵抗型机构投资者，如开放式基金和封闭式基金，对公司创新投入显著正相关，并且还发现公司创新行为还能够吸引部分机构投资者增加其持股数量。瓜达卢佩等（Guadalupe et al.，2012）研究了外国所有权与企业创新之间的关系，结果表明，许多生产性企业容易成为外资并购的目标，当其变成外资公司后更加愿意实施创新，不仅如此，外资子公司较高的创新水平是通过外资母公司出口所推动的。梁等（Luong et al.，2017）研究发现了国外机构投资者持股对企业创新具有积极的作用，这是由于，外国机构投资者的监控活动对于失败有更高的容忍度以及高水平知识溢出作用，是国外机构改善企业创新努力三种可能的渠道。方等（Fang et al.，2014）研究发现，股票市场的流动性阻碍企业创新。除了财务分析师、机构投资者、股票市场交易者之外又发现，重要的企业利益相关者也会对企业创新战略产生影响。弗拉默和卡斯帕（Flammer & Kacperczyk，2016）研究了利益相关者导向对创新的影响，结果表明，国家通过颁布法律允许董事会在作出商业决策时考虑利益相关者的利益，这样会产生更多的创新产出，说明利益相关者受到鼓励而进行创新试验，进而提高员工创新的生产力。

（2）市场层面的影响因素。在讨论了企业创新的各种公司层面的决定因素之后，本书将注意力转向到公司经营的一般经济环境，评估不同市场力量如何影响公司创新投资的过程和结果。创新研究的代表人物卡米安和施华滋（Kamien & Schwartz，1982）研究发现，影响技术创新最主要的三个因素就是市场竞争程度、市场开放程度和企业经营规模。市场竞争程度是决定创新能力强弱的基础因素。

由于创新最终能够使企业在产品市场上具有竞争优势，因此，了解企业在不同市场环境下产品市场与创新过程以及公司创新动机动态相互作用机制是重要且有意义的。阿吉翁等（Aghion et al.，2005）是早期研究这个问题的学者，他们发现，产品市场竞争与企业创新之间呈现倒"U"型关系，同时认为一个行业的竞争阻碍了落后者追求创新，但是却能够激励领先者公司进行创新项目的投资，使产品市场竞争对创新产生非线性的效应。相关的研究中，德斯米特和罗西－翰斯伯格（Desmet & Rossi-Hansberg，2012）研究了为何民营企业的完全竞争在消除了所有可能利润的情况下更愿意投资于创新，他们认为这是由于存在生产不可替代因素，例如土地。如果一家公司竞拍到土地并实施创新计划，赢得了竞标土地，该公司将会从创新中获益，因为除它之外的任何公司都无法在该地点生产。只要投资收益大于成本，企业就可以实施创新活动，这就解释了完全竞争和创新投资并存的原因。此外，扬（Yung，2016）提出了另一个在激烈市场竞争中企业愿意投资于风险和成本较高的创新项目而不是消极地等待抑或是模仿其他企业的原因，他们通过研究模型发现，内部融资会产生一种平衡现象，所有的企业都会等待其他企业的创新活动，因为创新涉及投资成本，并且有用的信息可以通过观察其他企业的创新活动来获得，但是当企业采用外部融资时这种均衡条件会发生变化，因为融资条件取决于投资者对企业质量的认知，企业质量能够部分地反映其创新活动。因而拥有高质量的企业会率先采取创新措施表现其能力，而质量较差的企业则会等待更长的时间。田原等（2013）研究了产品市场竞争对企业技术创新的影响，发现过度竞争削弱企业创新的积极性，不利于提升企业技术创新水平，而竞争较小的垄断模式会使企业产生自满而减少企业技术创新活动。布鲁姆等（Bloom et al.，2013）建立实证模型，研究了在同行业竞争的企业中存在两种不同类型的研发溢出效应，这两种效应分别是技术外溢效应和产品市场竞争效应，研究发现，两种类型的研究与开发溢出效应都存在，并且企业产品市场竞争者的研究与开发活动是对自身创新努力的战略补充。南达和罗德－克罗普夫（Nanda & Rhodes-Kropf，2013）研究发现，在热门市场融资的初创公司比新兴市场的初创公司更容易在创新成果的分配上处于劣势，因为它们都更可能完全失败，或更有可能极为成功和创新性更强。南达和罗德－克罗普夫（Nanda & Rhodes-Kropf，2016）理论研究了为何某些地点、时间和行业会获得更多创新项目的投资。研究表明，这是由于企业每次融资的时候都会受到融资风险的影响，因此，导致它们更愿意一次融通较大数量的资金。

除了股票市场或风险资本提供的股权融资外，债务融资也是创新项目的主要资金来源，因此，很多文献研究了银行、金融中介机构及企业最大的债务提供者在对借款企业的创新决策和结果的影响过程中所扮演的角色。本弗拉泰洛等（Benfratello et al.，2008）研究了当地银行业发展对企业创新的影响。银行发展增强了企业创新过程的可能性，尤其是依靠外部融资的小型高技术企业，但对于产品创新影响不显著，而固定投资支出现金流敏感性的减少可能是小企业更愿意投资于研发项目的原因。查娃等（Chava et al.，2013）研究了银行管制对民营年轻的创业企业的影响，美国州内银行通过放松管制，能够增强银行在当地市场的力量，对年轻的民营企业产生负面影响。相比之下，州际银行放松管制则降低了当地银行的市场力量，进而促进企业创新。亨伯特和马特雷（Hombert & Matray，2016）研究了信贷如何影响创新融资。利用国内银行业放松管制作为关系的负面冲击，他们发现，冲击对小型创新型公司产生不良影响，尤其是影响那些更加依赖于关系型的小型创新型公司的贷款项目。除了美国对银行业放松管制方面的研究，还有一些研究分析银行在创新中扮演的角色。南达和尼古拉斯（Nanda & Nicholas，2014）发现，银行萧条能够负向影响企业创新的数量和质量。白俊和吴汉利（2018）探讨了竞争性银行业结构对企业技术创新的影响及其作用机理，发现竞争性银行业结构有利于企业技术创新活动的实施，进一步验证了竞争性银行业结构通过信贷资金促进企业技术创新，长期贷款即"客户竞争效应"在企业创新方面发挥着巨大的作用。

除了市场结构和银行体系之外，税收是另一个重要的宏观经济力量，在很大程度上超出了企业管理者的控制范围，但是能够影响他们的创新动力。一方面，税收较重时，会降低管理者和员工的创新动力。较高的税收也会减少创新企业的税后现金持有量，从而导致对创新至关重要的失败容忍度的降低。另一方面，更多的税收可以使政府加强教育和其他基础设施的建设，从而提高企业水平层面上的创新。穆克吉等（Mukherjee et al.，2017）研究发现，税收不仅影响创新投入和产出的数量，还影响新产品的引进。

（3）社会和国家制度层面的影响因素。本部分将探讨比市场条件更广泛的社会或国家制度层面的一些特征。首先回顾与股东保护、知识产权、劳动保护、破产和内幕交易有关的法律如何激励影响企业创新。其次探讨一个国家的整体金融发展、金融自由化程度、会计制度、国际贸易规则如何影响创新项目投资。最后研究国家政策的其他方面，例如政策的不确定性、政府补贴、经济增长、人口和社会特征如何并以和何种方式影响企业创新的过程并取得成功。

第一，关于法律和政策方面。从阿吉翁和梯若尔（Aghion & Tirole，1994）提出在不完全契约条件下企业的创新活动后，一些经济学学者探讨了知识产权保护法规对于创新动机的影响。勒纳（Lerner，2009）研究了过去 150 年间 177 个主要专利政策变化的影响，发现法律变化会对专利数量产生巨大的负向影响。产生的原因可能有以下三种情况：首先，利用专利度量创新可能没有真实反映创新产出的程度；其次，在样本国家中可能会产生混乱的政策变化；最后，经济学家普遍认为专利保护能够鼓励创新的这种观点可能过于夸张。威廉斯（Williams，2013）实证研究了现有技术的知识产权是如何影响随后的创新努力，发现在现有技术方面短期的知识产权对后续创新具有持续的负面影响。方等（Fang et al.，2017）研究发现，知识产权保护有利于公司的创新激励，国有企业的这种激励效果比非国有企业更加显著。除了以上关于知识产权的法律之外，很多文献涉及劳动法，研究劳动法能够保护劳动者的利益并分析这些法律如何影响创新的激励机制。例如对于违规解雇法的研究，阿查里雅等（Acharya et al.，2013）发现，违规解雇法的实施对创新和创建新公司拥有积极的影响，在此基础上，阿查里雅等（Acharya et al.，2013）比较了劳动解雇法与其他劳动法律对公司创新方面的影响，发现严格的劳动解雇法能够激励创新，特别是在创新密集型行业，但是其他劳动法却没有显示出积极的一面。除了针对创新者和雇员的法律之外，一系列研究关注了破产法在保护债权人利益和对于创新过程中激励所起到的作用。阿查里雅等（Acharya et al.，2009）认为，当破产法有利于债权人时，创新企业由于担心过度的清算而减少创新，而当破产法有利于债务人时，则可能会促进企业创新，这是由于企业在遇到失败后还会继续鼓励创新活动。

除了法律之外，还有文献探讨了创新如何受到一个国家制度层面特征的影响，这些特征包括股东保护、法律起源、公司承包环境和经济私有化。布朗等（Brown et al.，2013）研究发现，强大的股东保护机制和更有利的股票市场融资措施对企业创新投资具有积极影响，尤其是对于小型企业。

还有一些研究探讨了政府支出和财政补贴在创新过程中所起的作用。豪厄尔（Howell，2017）研究发现，早期政府补贴对创业公司的专利和收入有显著的积极影响，特别是对融资约束的企业效果更加明显。林洲钰等（2013）研究了税收政策如何对企业技术创新活动产生有效影响。他们从政策类型、激励强度、制度环境和企业特征四个方面构建了企业技术创新研究的理论框架，为政府制定创新政策提供了一定的借鉴意义。周亚虹等（2015）构建了基于新型产业特征的企业行为反应模型，发现企业在起步阶段政府补贴对于新型产业企业创新投入具有较大的促进作用，随着企业规模壮大，政府扶持力度对企业创新促进作用反而减弱，同时还会产生同质化与产能过剩的弊端。

第二，关于金融市场发展方面。目前，越来越多的研究探讨了金融市场发展对一个国家创新活动的影响。因此，本部分将从金融市场准入、金融自由化、会计制度和国际贸易规则等方面分析一个国家的整体金融发展对企业创新激励和产出的影响。塔德斯（Tadesse，2006）比较了以银行为中心的金融体系的国家和以市场为中心的金融体系的国家的行业运营创新成果，研究发现，以市场为中心的金融体系的国家对几乎所有工业部门的创新都产生了积极影响，但以银行为中心的金融体系的国家仅仅对信息密集型部门的创新作出较大的贡献。徐等（Hsu et al.，2014）研究发现，那些更依赖外部融资和具有更高技术密集型的行业在发达的股票市场上更具有创新性。然而，研究发现信贷市场发展对这些行业的创新成果却有负面影响。

另一些文献探讨国际贸易规则对技术创新的影响。布鲁姆等（Bloom et al.，2016）研究了12个欧洲国家关于从中国进口竞争对创新和生产力的影响，发现这种交易压力能够激励更多从中国进口的企业技术升级和重新分配就业，促使就业趋向于创新型企业。相比之下，发达国家的进口竞争对创新影响不显著。

第三，关于国家和地区的人口和社会特征方面。一些学者探讨了关于国家或地区的人口或社会特征与实际的创新投资相联系的问题。贝纳布等（Bénabou et al.，2015）从个人层面对以上问题进行了探讨，采用世界价值观调查反对或赞成创新的态度，发现宗教有利于创新。还有赌博和腐败倾向对于创新的影响。陈等（Chen et al.，2014）、阿迪卡里和阿格拉沃尔（Adhikari & Agrawal，2016）的研究均发现，赌博倾向的管理者更愿意承担高风险的项目，更多地实施创新，产生更多的创新产出。阿亚加里等（Ayyagari et al.，2014）认为，腐败的文化或政治体系可能阻碍创新，这是由于给予了创新者额外的负担。

1.3.3 环境不确定性相关研究

（1）环境不确定性作为主效应变量对企业影响。随着组织理论的研究由封闭系统进入开放系统的发展阶段，组织被看作受制于理性标准的开放系统进行研究，因而组织面临外部环境不确定性，外部环境不确定性会影响组织的制度层，而组织制度层的变化又会引起组织战略和结构的变化，这样的传导变换体现环境不确定向确定传导转化。因此，不确定性作为主效应会对组织制度层、战略层和结构方面产生影响。

第一，关于不确定性对组织制度层的主效应影响研究。基于资源依赖理论，组织为了降低外部环境不确定性带来的影响，就要减少对外部环境的依赖程度。一方面是基于确定性程度的任务环境等方面的研究。有学者研究外部环境对作为制度层的公司治理结构的影响。普费弗（Pfeffer，1972）研究利用董事会的"增选法"来应对外部环境的依赖，而且公司自身的规模、债权比例、国家和地方法律都会对董事会规模与内部董事比例产生一定的影响。郎恩和洛克哈特（Lang & Lockhart，1990）认为，行业竞争和资本市场对公司连锁董事会产生一定的影响。伯克尔和古德斯坦（Boeker & Goodstein，1991）研究发现，董事会结构会随外部环境发生变化，并且董事会成员的角色分类依赖环境因素。另一方面是基于经济和社会制度环境等方面的研究。在经济制度并不完善的环境下，组织为了更容易地获取资源，会寻求政治关联。李维安等（2010）研究认为，企业为了获取优惠的投融资待遇、较低税率以及政府资助，会积极寻求建立政治关系。然而建立了这种政治关系之后，企业要满足政府提出的要求，为此会付出较大的代价，例如为满足政府的就业要求会更加注重职工的福利，并承担更多的政治和社会责任，这往往导致企业偏离股东价值最大化的轨道。因此，企业建立政治关系时，要充分考虑其所带来的边际收益是否大于边际成本。近年来，公司治理的研究引入社会学中的制度理论，刘绪光和李维安（2010）研究女性董事时，考虑了不同制度环境的差异。

第二，关于不确定性对组织战略层主效应影响的研究。一方面研究任务环境不确定性与组织战略之间的关系，可以用权变理论加以解释。为了适应环境，组织会策略性地选择战略，只有组织适应环境变化，才能得以生存和发展。波特

（Porter，1980）研究发现，在产业环境中五种力量的作用下，组织会策略性地选择低成本、差异化和聚焦战略来应对。谭和利特舍尔（Tan & Litscher，1994）研究认为，在中国经济转型的背景下，环境不确定性加重，通过调查问卷方法，研究发现电力行业管理者更倾向于防守型战略而不是进攻型战略。谭和谭（Tan & Tan，2005）研究发现，当环境不确定性明显降低时，企业在保守型战略和进攻型战略之间，更倾向于采用进攻型战略。此外，蓝海林等（2010）将环境不确定性作为自变量研究其对组织战略的影响。彭和希思（Peng & Heath，1996）整合了一个制度对多元化战略影响的研究框架。艾伦等（Allen et al.，2005）认为，在中国市场背景下企业可利用声誉和关系削减外部制度环境不确定性给企业带来的成本。另一方面研究基于制度环境不确定性与组织战略之间的关系，可以利用组织社会学的制度理论来解释。应对环境的要求和压力，组织可能采取四种策略，分别是妥协策略、回避策略、反抗策略和操纵策略。斯科特（Scott，1995）将规制制度、规范制度和认知制度三个维度的制度引入国际化战略。蓝海林等（2010）梳理了环境不确定性三个维度框架的相关文献。此外，还有一些学者研究了环境不确定性对创新和投资战略决策的影响。传统的投资理论在研究企业投资行为时，是基于完全资本市场、所处环境确定以及资本存量无成本三个严格的假设基础上进行的。但是，现实情况是企业所处的环境是不确定的，企业的高层管理者也是非理性的，现实生活中完美的市场是不存在的，企业不可能处于真空的环境中，因此，不确定环境下的投资行为研究开始出现。迪克西特和平狄克（Dixit & Pindyck，1994）首次提出了"在不确定条件下的投资"的概念。苏等（Su et al.，2010）从市场、技术和竞争三个维度定义环境不确定性，针对中国企业的研究表明，市场不确定性对企业研究与开发投资有正向影响，竞争强度对企业研究与开发投资有负向影响，而技术不确定性对企业研究与开发投资没有显著影响。牛建波和赵静（2012）研究发现，在环境不确定性程度较高的情况下，企业进行战略决策的难度和成本都会增高，管理者对于投资项目有效评估的可能性会大大削弱。

第三，关于环境不确定性对组织结构层的主效应影响的研究。一方面是关于任务环境对组织结构层的影响研究。权变理论能够较好地解释任务环境不确定性与组织结构之间的关系。东（Tung，1979）研究发现，当组织面对不同环境不确定性的复杂性、动态性和程序性的组合，组织会采用不同的结构和模式。但也有学者的研究与权变理论相反,科贝格和昂戈斯(Koberg & Ungson,1987)认为,当组织对于环境的资源依赖程度较低时,更倾向于采用有机式的结构,组织绩效并不能利用环境与组织结构之间的匹配程度来解释,而绩效是与有机式结构相关联的。另一方面是关于制度下的企业集团模式也是新兴经济体的产物。哥多(goto,1982)的研究将企业集团归结为"市场失败"的产物,而坎纳和帕利普(Khanna & Palepu,1997)认为其为"制度缺失"的作用结果。制度环境分为强制机制、模仿机制和规范机制。组织之间的结构越相似,组织之间的交换越容易。因此,拥有权力的组织会强迫其他组织采取相同的结构。在环境不确定时,组织会模仿当前企业普遍采用的组织模式。因为不模仿,会受到来自制度环境的压力。例如某个公司所处产业中的其他公司采用 M 型结构的组织形式,它也更可能采纳这种结构,这一发现验证了模仿机制。规范机制表现在组织中的高管受过相似的教育模式,相同的思维方式导致组织结构的趋同,例如不同公司同时聘用了一名连锁董事,那么两个组织很可能形成相同的组织结构。帕尔默等(Palmer et al.,1993)的研究更加完善,考察的内容包括组织所依赖的公司采纳 M 型结构是否影响组织 M 型结构的形成,组织所处行业中 M 型结构采纳的比例是否影响组织形成 M 型结构,高管团队教育背景是否影响组织 M 型结构的形成,另外,还研究了经济、政治和制度因素对于公司采用 M 型结构形成的影响。

(2)环境不确定性作为调节效应。国内外学者对于环境不确定性作为调节变量进行了大量的相关研究,但是关于环境不确定性对高管团队与创新决策关系方面影响的研究还是较少。墨菲(Murphy,1999)研究发现,一些高管由于环境不确定性的存在而掩盖自身决策失误的责任,并出现机会主义行为,经理人发生过度投资行为,控制更多资源,进而达到建立经理人帝国的目的。李和鸿耆吉马(Li & Atuahene-Gima,2001)研究了制度支持在产品创新战略和绩效之间的调节作用。罗登巴赫和布雷特(Rodenbach & Brettel,2012)研究公司首席执行官对动态能力的影响时,加入了某些环境因素的影响,例如市场变化、技术变革和竞争程度等。研究结果显示,当首席执行官经验不足并且环境变化剧烈时,公司增强了对动态营销能力和动态研发能力的运用,当环境变化不剧烈时,随着首席执行官年龄的增长,公司对动态营销能力和动态研发能力的运用增强。

林亚清和赵曙明(2013)研究发现,战略柔性在高管团队社会网络人力资源实践对企业绩效的正向影响中发挥了完全的中介作用。同时,环境不确定性在高管团队社会网络实践中的人力资源实践与战略柔性的关系中起到了调节作用。刘刚和刘静（2013）研究发现，环境动态性能够调节动态能力与企业绩效之间的关系。王亚妮和程新生（2014）研究认为，环境不确定性强化了沉淀性冗余资源与企业创新之间的正"U"型关系，但是对于两者关系不具有显著的调节作用。束义明和郝振省（2015）研究发现，环境动态性正向调节沟通氛围、非正式沟通与决策之间关系，负向调节沟通频率与决策绩效的关系。俞仁智等（2015）研究发现，外部环境的动荡性负向调节薪酬激励对创新绩效的刺激作用，并能够激发高管团队对于创新绩效的支持。杨卓尔等（2016）探讨了资源柔性和协调柔性等不同战略柔性模式对创新的作用机理以及环境不确定性对两者关系的调节作用，结果表明，资源柔性促进探索式创新，抑制应用性创新。环境不确定性对战略柔性与探索性创新之间的关系起到正向调节的作用。王嘉歆和黄国良（2016）实证研究了不同环境不确定条件下，首席执行官权力与公司投资效率关系的影响。环境不确定性较高的条件下，首席执行官权力与公司投资效率正相关，而较低环境不确定性条件下，首席执行官权力与公司投资效率存在负向的显著性关系。武立东等（2016）研究发现，环境不确定性能够缓解董事会地位差异与投资不足之间的关系，并将董事会成员地位差异划分为基于董事政治资本形成的地位差异和基于董事社会资本形成的地位差异，环境不确定性会削弱基于政治资本形成地位差异与投资不足的关系。

1.3.4　研究评述

综上所述，现有文献主要针对如何最大限度地激励公司经理人投资于创新活动和如何为创新项目有效地融资进行了大量的研究和探讨，研究发现，高管对于企业决策和战略具有重要的作用和影响，企业应加强引进卓越的职业经理人管理经营企业，设计科学合理的公司治理结构，实施企业创新驱动发展战略。但是现有研究还存在以下五个方面的不足。

（1）现有研究结果表明，对于创新度量主要局限于研发费用投入和专利数量方面，然而都存在一定的弊端。利用研发费用投入衡量企业创新时存在的弊端表现在，其仅仅能够反映创新一个阶段情况，即创新投入阶段，不能反映企业创新战略实施的全貌，并且研发费用的资本化和费用化还受到会计准则的影响，报表中反映的研发费用也不准确，存在计量误差的问题。而利用专利作为企业创新的替代变量进行研究时也存在相应的弊端，专利是一个企业创新产出指标，并且还能通过专利的引用率反映出专利的质量，数据也容易获得，但是利用专利度量企业创新也存在一些问题，由于很多企业将创新产出作为商业秘密，因而没有申请专利，专利本身也存在技术调整等问题。因此，需寻找更好的度量企业创新的变量指标。

（2）国内外研究大多重点关注单个受聘高管特征对企业创新投资的影响，例如统揽大局的首席执行官激励、管理风格和个人特征，忽略了高管团队这一独特主体对企业成长过程中发挥的重要决策作用。本书将高管团队整体特征作为研究对象，同时考虑包括高管团队异质性方面对于企业创新投资的影响，分析了高管团队成员之间的冲突、矛盾、学习、讨论和信息利用等方面的相互作用对企业创新投资的影响。

（3）以往研究更加关注高管团队特征对于企业绩效或企业价值的关系，很少分析高管团队特征对企业创新投资决策的影响，并且仅有少数学者意识到高管团队特征对企业创新投资具有重要作用，但是没有深入探讨高管背景特征及其异质性等方面特征的交互作用、薪酬激励和异质性特征的交互作用等方面对创新活动的影响机制。关于高管薪酬激励对企业创新投资决策的影响，多见于研究货币薪酬激励和股权薪酬激励等显性薪酬激励对于创新投资决策的影响，关于在职消费这种隐性薪酬激励对创新投资决策的影响研究较少，同时这方面也存在研究缺陷。

（4）大部分研究在选择样本时考虑选择处于稳定期成熟的主板上市公司为研究对象，但是主板上市公司研究得到的结论并不一定能够适用于处于成长期、高风险、高收益的创业板企业，因此，本书从高管团队特征入手，同时考虑创业板的企业所处的内外部环境，深入探究高管团队特征对创业板上市公司创新投资决策的影响，这对于全面揭示创业板上市公司创新投资决策的影响因素具有直接的理论意义。

（5）现有研究较少地考虑了企业所处外部环境的不确定性对高管团队特征与企业创新投资关系的影响，仅将企业内部因素与外部环境不确定性纳入整体框架，因此，探讨企业不同创新活动的实证研究仍需丰富。而且，现有国内研究对创新能力的内部影响因素研究不全面，创新能力内生机理研究不系统，因此，本书从高管团队特征这一企业内部治理因素入手，同时引入外部环境因素和首席执行官权力指标，探讨环境不确定性和首席执行官权力对高管团队特征与企业创新的影响。对于我国而言，政府宏观调控与支持的外部因素对企业创新能力影响重大，企业是国家战略具体的执行者，需要进行创新能力外部环境影响因素以及外生机理的相关研究以提升企业创新能力。因此，本书考虑以上因素，基于外部因素的环境不确定性和内部治理因素的首席执行官权力，探讨了高管团队整体特征包括年龄、学历、任期和薪酬体系等方面以及高管团队异质性特征对企业创新活动方面的影响，并且还考察了上市公司高管团队的组成特点和企业创新活动和效率低下是否是普遍现象等问题。

1.4 研究内容与方法

1.4.1 研究内容

（1）概念界定、相关理论和文献综述。界定高管团队的概念和环境不确定性的基本概念，并明确环境不确定性维度的测度指标，借鉴德斯和彼尔德（Dess & Beard，1984）开发的环境不确定性测量体系，借鉴前人研究类似问题的经验，对现有研究进行评价，据此提出本书的研究方向和研究的理论基础，对高层梯队理论、创新理论、社会类化理论、信息决策理论、资源依赖理论、代理理论进行探讨和评价。本书通过对国内外大量文献的整理，梳理回顾了高管团队特征及异质性对企业影响的研究、环境不确定性的相关研究以及企业创新的公司层面和市场层面和政府制度层面等影响因素的经典文献。

（2）探讨了高管团队特征及异质性对企业创新投资的作用机理及影响研究。本书探讨高管团队人力资本及其异质性。人力资本包括人口统计学特征、高管团队成员的薪酬激励因素是否能够影响企业研发创新活动的投入力度。这一研究在经济转型阶段对创新能力强的创业板企业来说具有重要意义，而在转型经济环境下要充分发挥政府和市场对于企业资源配置的作用。本书认为，企业的人力资本有利于企业适应转型经济环境过程中的市场驱动因素和政府运营机制。人力资本对于企业经营发展具有重要的作用，而此时企业的创新投资决策风险更大，环境复杂性也越强，因此，高管团队特征及异质性等人力资本的资源禀赋对创业板企业发挥何种作用，以及不同人力资本特征及异质性是否发挥互补和替代作用，都是本书重点探讨的问题。

（3）首席执行官权力对高管团队特征及异质性与企业创新投资的影响的探讨。将首席执行官权力划分为结构权力、专家权力和声誉权力，同时计算权力积分，探讨了首席执行官权力对高管团队特征及异质性与企业创新投资之间的关系，现有文献对于高管团队特征及异质性与企业创新投资之间关系的内部治理因素的影响研究不足，而且很多是基于西方制度环境的研究，此外，鲜有学者探讨我国转型经济制度环境下高管团队创新决策问题，尤其是高管团队的核心成员首席执行官对高管团队创新决策的影响研究不足。因此，本书借鉴西方学者的研究，基于中国转型经济的制度环境背景，探讨了首席执行官权力对高管团队特征及异质性与企业创新投资之间关系的影响。

（4）环境不确定性对高管团队特征及异质性与企业创新投资的影响的探讨。本书从企业外部环境不确定中的动态性和丰富性两方面的视角探讨了高管团队特征及异质性与企业创新投资的关系，通过文献梳理发现，现有关于高管团队特征及异质性对企业创新投资影响的外部环境因素探讨不足，因此，本书研究致力于弥补这方面的空白。企业创新活动的发生是在一定的环境中，环境是企业赖以生存和发展的基础。近年来，我国经济转型升级，企业面对日益动态和复杂的外部环境，依据资源依赖理论，企业作为一个开放的系统，高管团队成员特征及异质性对企业创新投入的影响受到具体环境因素变化的影响。因此，本书探究了高管团队特征及异质性在外部环境不确定下对企业创新投资的作用机理。

1.4.2 研究方法

本书主要采用文献研究法以及定性和定量分析相结合的方法。首先采用文献综述法进行理论研究，并通过归纳与演绎、分析与综合以及抽象与概括等手段进行模型构建。其次采取定性和定量相结合的方法，利用多元回归分析方法进行实证研究。通过实际应用研究提出企业高管团队的治理策略，并结合当前学科发展的现状和经济发展的实际，进行研究内容的创新和总体设计，运用相关学科的理论方法和已有的研究成果逐步开展相关内容的研究。再其次基于高层梯队理论分析了高管团队特征对企业创新影响的作用机理，结合理论分析，考察外部环境不确定性的动态性和丰富性，构建多元回归分析模型，运用相关数据进行实证分析，采用Stata14.0软件将高管团队特征及异质性对企业创新投资的影响进行回归分析，同时加入环境不确定性、内部治理因素首席执行官权力与高管团队特征的交互项进行回归分析。最后对研究的阶段性成果进行总结、汇总，进而改进研究内容，得出最终结论。

（1）文献综述法。文献综述法主要是指收集、鉴别和整理学者们之前的研究文献，在大量阅读的基础上通过对相关文献的对比分析，形成对所要研究内容的一个客观认识的方法，它是一种传统而又具有高度重要性的科学研究方法。本书使用该方法对高管团队特征及异质性，企业创新的公司层面、市场层面和国家制度层面等影响因素，环境不确定性相关研究文献，进行了系统梳理与分析，可以说是"站在巨人的肩膀上"开展研究，为后面分析和关系研究提供了理论基础和研究方向。

（2）规范分析法。规范分析法侧重于对研究对象的定性分析，通常是在一定理论基础上进行演绎推导，从而有效地识别变量之间的关系，或者是对一定的现象进行归纳与抽象，总结出新的理论。本书使用规范分析法总结归纳出影响高管创新投资决策的内外部因素，探讨了高管团队特征及异质性、首席执行官权力、环境不确定性和企业创新投资等之间的相互关系，在此基础上，通过揭示现有文献的研究不足，引出本书研究的主要问题并形成理论分析和假设，构建本书研究的理论模型。此后，又采用规范分析法，在实证研究结论的基础上，提出规范高管团队运作效率和企业在外部环境不确定情况下应充分发挥高管团队人力资本对企业创新投资决策的积极促进作用的建议。

（3）实证分析法。在规范分析的理论模型中，对高管团队特征及异质性、环境不确定性和企业创新投资的关系进行分析后，采用多元回归分析法进行实证检验。多元回归分析可以发现解释变量和被解释变量之间的相互关系，并且在构建模型时能够控制相关变量的影响，找到相关变量的数据指标后，就可以预测分析的一种简便易行的方法。本书在后续的研究中选择相关指标衡量各个变量，并建立模型，通过收集创业板上市公司的相关数据，对数据的基本资料进行描述性统计分析，说明各变量特征值的特点，包括均值、中位数、最大值和最小值等方面进行分析，然后通过Stata14.0、Microsoft Office Excel 2010等软件对数据进行处理，并运用多元回归分析的方法对理论模型中提出的假设进行检验，从而验证理论模型的准确性、合理性和可靠性。

（4）比较分析法。一方面，比较在不同首席执行官权力下，高管团队特征及异质性对企业创新投资水平影响的差异性；另一方面，比较不同环境动态性和丰富性情况下，高管团队特征及异质性对企业创新投资影响程度的差异性，揭示了首席执行官权力和环境不确定性在高管团队特征及异质性与企业创新投资关系中所起的调节作用，回答高管团队特征及异质性何时影响公司创新投资决策的问题。

基于本书的研究内容与方法，设计本书研究的技术路线，如图 1-1 所示。

首先，通过对以往相关文献的梳理与评述，提出本书研究拟解决的关键科学问题，在界定高管团队和环境不确定性的内涵相关概念的基础上，以高层梯队理论、创新理论、社会类化理论、信息决策理论、资源依赖理论和代理理论为理论工具和支撑，探寻高管团队特征及异质性影响企业创新投资的理论依据，分析了高管团队特征及异质性影响企业创新投资决策的外在条件，识别了高管团队特征及异质性影响企业创新投资的可能路径条件，并依据分析结果构建高管团队特征及异质性影响企业创新投资的理论分析框架。

其次，依据构建的理论分析框架，结合相关理论和国内外经验证据，深入分析高管团队特征及异质性与企业创新投资之间的关系，并运用多元回归分析实证考察高管团队特征及异质性对企业创新投资的影响；以首席执行官权力和环境不确定性为划分依据，实证考察首席执行官权力和环境不确定性对高管团队特征及异质性与企业创新投资关系的调节作用。

最后，总结归纳了高管团队特征影响企业创新投资决策的方向和程度以及条件和路径的实证结论，探讨了高管团队特征及异质性对企业创新投资的影响过程和作用机制，并在此基础上提出具有针对性的政策建议。

1.5　创新点

本书探讨了高管团队特征及异质性协调作用对企业创新投资活动方面的影响，同时，检验首席执行官综合权力和环境不确定性对两者关系的影响；解读了

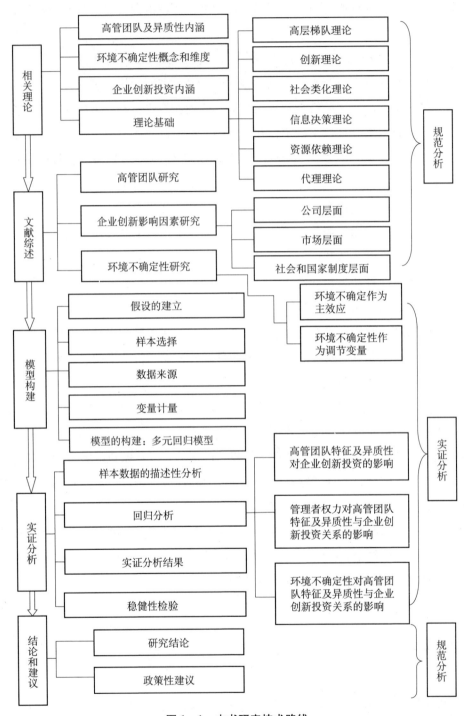

图 1-1　本书研究技术路线

内外部环境对企业创新行为的影响机理，拓展外部环境与企业内部高管团队微观行为的研究边界，提供了理论参考、实证证据和数据支持；实证检验了相关研究假设，为企业在环境不确定性的情况下，从高管团队背景特征角度分析对企业创新投资的影响提供了理论依据和实证证据。本书的创新点主要体现在以下四个方面。

（1）探讨了全部高管团队成员特征对企业创新的影响，拓展了高管研究领域。以往大部分学者更加关注高管团队中主要成员的研究，例如首席执行官和董事长特征方面的研究，没有综合考虑全部团队成员集体力量的作用，以及团队内部成员之间工作过程中的沟通、协作、矛盾和冲突等方面的内部运作过程对企业创新决策产生的影响，而本书探讨了高管团队特征、异质性和薪酬激励之间协调效应对企业创新投资产生的作用，为进一步优化高管团队结构、完善企业资源配置，设计最优高管团队薪酬契约组合提供实证证据。

（2）揭示了构建高管团队特征及异质性影响企业创新投资的机理，扩展了高管团队影响企业创新投资的作用边界条件。现有研究多集中在高管团队成员人口统计学特征，忽略了团队成员异质性问题的研究，并且整个高管团队成员的异质性特征对研究与开发投入影响的研究却鲜少涉及，还处于空白阶段。本书强调了高管团队成员特征异质性程度的重要性，揭示团队成员异质性变化对企业创新活动可能会带来正负两方面的影响，并验证了异质性与企业创新投资之间可能存在的非线性关系，拓展了异质性的高管团队特征的研究广度，以及对高管团队成员特征与企业创新投资关系的影响边界。

（3）构建了反映管理者酌量权的首席执行官综合权力的调节变量。之前学者的研究中往往忽略一个重要主体决策单元——首席执行官对于高管团队成员内部运作过程中实施创新战略的控制和影响。因此，本书研究了重要的战略决策主体——首席执行官综合权力中的结构权力、专家权力和声誉权力对不同高管团队特征及异质性与上市公司创新投入决策的影响，揭示了首席执行官综合权力对于高管团队影响创新投资的调节效应的研究边界，还扩展了高层梯队理论中调节变量的研究和应用范围。

（4）建立了环境因素对高管团队特征及异质性与企业创新投资作用的调节效应机制。企业位于开放的环境背景条件下，许多研究忽视了外部环境对高管团队创新战略决策的影响。因此，本书将环境不确定性划分为两个维度，分别是动态性和丰富性，考察了环境不确定性对高管团队特征及异质性与企业创新投资的影响，深化了高管团队特征影响企业创新投资决策的外部环境这一背景因素，揭示了外部环境政策影响企业外部信息和资源环境—高管感知—高管的战略决策—创新战略—企业创新投资内在机理。

第 2 章　高管团队特征及异质性
影响企业创新投资的理论框架

2.1　概念界定

本书的研究对象主要是创业板上市公司高管的特征，包括人口统计学特征、高管薪酬激励模式和异质性特征对于企业创新的战略影响。企业内部高管团队成员人口特征异质性和首席执行官权力也会对高管团队特征与创新投资之间的关系产生影响。当企业所处的外部环境发生变化时，企业创新投资战略决策也会受到一定程度的影响。因此，应先明确所涉及的相关概念，才能梳理清楚文章的脉络关系。

2.1.1　高管团队内涵

高管团队（top management team，TMT）是对企业发展及制定重大战略决策产生决定性影响的核心群体，是由企业中承担战略决策职责的高管组成。企业组织形式发展到一定阶段，为了适应内外部经营环境的复杂变化，作出最优战略决策，高管团队这种核心决策群体应运而生。处于初创期的企业，生产和经营方式较为简单，企业的规模也较小，一般企业的所有者就是企业的经营者，拥有较完整的所有权和经营权，当企业的规模不断扩张时，成长速度加快，企业经营面临越来越多的困难和壁垒，这样，对于经营者的管理能力要求更高，需要管理者投入更多的时间和精力，并要求经营者拥有更强的管理能力和深入广泛的专业知识，而作为企业所有者的管理者往往无法完全具备以上的所有要求，企业所有者需要将经营权委托给专业的职业经理人，由此出现职业经理人引入现象。当企业发展面临更加激烈的市场竞争时，外部生存环境更加复杂，导致经理人由个体演变成为团队，此时职业经理人队伍在企业内部形成高管团队并共同管理经营企业。在全球经济一体化，经济飞速发展的外部环境背景下，处于企业战略层面的高管团队对于企业战略的制定和执行会产生重大影响。在现代的公司制企业中，高管一般指董事会、监事会和正、副总经理以及参与战略决策的所有高管组成。要打造高效运行的良好高管团队，需要融合不同知识背景、学历、经验的高管成员，从而形成一个有机的战略联盟整体。这些优秀的高管在一起进行良性互动、整合优化配置资源，并高效、合理地领导企业生产经营。

不同的学者对于高管人员的定义不同，国外发达国家通常认为，高管人员包括首席执行官、首席财务官（CFO）、业务主管以及副总裁等，有些还包括董事长。我国受传统经济体制的影响，高管团队通常认为是由总经理以及下一级的经理们组成的，是对企业重大经营决策实施战略决策的"领导班子"。按照《中华人民共和国公司法》的规定，高管人员应该包括经理、副总经理、财务负责人等公司章程规定的其他人员。国内外学者对于高管团队成员的界定不尽相同，还没达成共识。汉布里克和梅森（Hambrick & Mason, 1984）认为，高管团队成员包括所有高级管理人员。我国有些学者认为，具有总经理及副总经理、首席执行官、总裁及副总裁、总会计师等头衔的高管人员，以及那些直接向首席执行官、总经理、副总经理汇报的其他高级管理人员，例如总经理、技术总监等。表 2-1显示的是国内外学者对于高管团队成员不同定义的相关研究。

表 2-1 对高管团队定义的不同界定

地域	学者	对于高管团队的定义
国外	汉布里克和梅森（Hambrick & Mason, 1984）	所有高级管理人员
	弗雷德里克森和米切尔（Fredrickson & Mitchell, 1984）	通过和首席执行官讨论后确定的，在关键的经营决策中发挥常规性效用的经理人团队
	班特尔和杰克逊（Bantel & Jackson, 1989）	参与公司重大决策的高级经理
	芬克尔斯坦和汉布里克（Finkelstein & Hambrick, 1990）	加入公司董事会的高层管理人员
	汉布里克等（Hambrick et al., 1996）	副总裁级别以上的所有高层执行者
	阿马索和萨皮恩萨（Amason & Sapienza, 1997）	首席执行官指定的、参与战略决策过程的高级经理
	艾尔容（Elron, 1997）	从首席执行官到高级副总裁层次的高管人员

续表

地域	学者	对于高管团队的定义
国外	克里希南等（Krishnan et al.，1997）	首席执行官、总裁、首席运营官、首席财务官和下一个层次的最高级别的人员
	蒂豪尼等（Tihanyi et al.，2000）	董事会主席、副主席、首席执行官、首席运营官、副总裁和执行副总裁
	德怀尔等（Dwyer et al.，2003）	高层经理和中层经理
	芬克尔斯坦等（Finkelstein et al.，2009）	位于组织顶端、最具影响力的高管，直接向总经理汇报的相对小群体
国内	魏立群和王智慧（2002）	总经理、首席执行官或总裁，以及具有副总经理、副总裁、总会计师或首席财务总监头衔的高级管理人员
	王飞和张小林（2005）	董事长、总经理、各部门总监（如人力资源总监、运营总监）等
	李增泉（2000）	公司董事会成员、总经理、总裁、副总经理、副总裁、财务总监、总工程师、总经济师、总农艺师、董事会秘书和监事会成员
	陈伟民（2006）	高级管理人员和中层经理
	王华和黄之俊（2006）	公司董事会成员、总经理、总裁、副总经理、副总裁、财务总监、总工程师、总经济师、总农艺师、董事会秘书和监事会成员
	鲁倩和贾良定（2009）	总经理、副经理、总经理助理、总工程师、总会计师等
	张进华和袁振兴（2011）	由总经理确定
	何霞和苏晓华（2012）	董事会成员、监事会成员以及其他高级管理人员
	卫旭华等（2015）	首席执行官、正副总裁、正副总经理、正副行长、各类职能部门总监以及董事会秘书
	朱德胜和周晓珮（2016）	全体高级管理人员都界定为高管团队成员
	韩庆潇等（2017）	董事长、副董事长、总经理、总裁、副总经理、副总裁、总会计师、财务总监、总经济师等

　　总结现有文献，高管团队的界定有四种情况。第一种情况是按照具有总经理、首席执行官等头衔和级别的高级管理人员来确定高管团队成员，该方法简单易行，同时能够准确获得相关数据指标。第二种情况是学者认为中层管理者在战略决策和决策执行过程中都起到了关键性的作用，因而高管团队既应包括高级管理人员，也应包括中层管理人员。第三种情况是采用问卷调查法，对样本企业总经理进行访谈，根据实际情况，由总经理或者调查组成员酌情确定高管团队成员，这种方法工作量较大，执行难度较大。第四种情况是根据高管薪酬水平确定高管团队成员，将领取薪酬额度最高的前五名高管作为团队成员。由于本书采用创业板上市公司为研究对象，带有头衔的高管信息容易取得且较准确，因此，本书采用界定头衔的方法确定高管团队成员的组成情况。本书认为，全部高管成员

对于企业的创新决策都具有重大影响，因而借鉴汉布里克和梅森（Hambrick & Mason，1984）的研究，并结合《中华人民共和国公司法》相关规定，本书对高管的职责不进行区别划分，将高管团队的定义范围界定为全体高级管理人员，包括董事会成员、监事会成员以及总经理、副总经理、董事会秘书和公司章程中规定的全部高级管理人员。

2.1.2 高管团队异质性的内涵

高管团队异质性是衡量企业高管团队特征的一项重要方法，是高管团队领域研究的重点内容。高管团队异质性就是指高管团队成员之间的差异化程度。这种差异既包括高管团队人口统计学特征的差异，也包括高管团队内在价值观、理念和认知结构方面的差异化程度。异质性包含众多维度，例如年龄、种族、性别、任期、教育水平、职业背景等，同时也包括价值观念、风险偏好、领薪方式等。有些特征异质性能够较好地度量，但是有些特征的异质性较难度量，例如心理特征、价值观念的异质性，通常情况下，需要采取其他的度量方法来替代。相对于异质性来说，同质性就是指团队成员各方面特征的相似程度，可以用均值来表示。同质性和异质性相比，同质性的高管团队成员相处模式更加和谐，沟通更加顺畅，处理和解决常规性的事务效率相对较高，观点和行为趋于同质化，对外部环境变化的敏感度较低。而异质性的高管团队拥有多样化的知识基础和职业经验，能够针对环境变化作出具有创造性的决策，解决特殊问题，但是团队运作过程中容易产生沟通障碍、矛盾或者冲突。

2.1.3 环境不确定性的内涵及测量维度

组织生存于特定的外部环境之中，企业与环境的匹配程度一直都是管理理论和实践研究的相关内容。经济全球化和"互联网＋"时代的背景下，技术革新日新月异，产品的生命周期不断缩短，顾客需求不断升高，环境变化之快使组织无法准确预测和捉摸，环境不确定性已成为管理领域考量的一个重要权变变量，能够适应动态变化的外部竞争环境成为企业可持续发展的关键。

不确定性的概念主要来源于经济学，与风险紧密相关，不确定表现在运用现有的理论和经验难以对事件进行合理的分析和预测。将其引入企业的内外部经营管理环境中时便产生了环境不确定性的概念。企业外部环境主要的特点就是不确定性，由此企业环境不确定性成为探讨企业与环境之间关系的焦点。对于组织环境的研究，主要分成两个思路：第一类是根据一般外部环境具体内容和主体进行研究，主要有经济环境、技术环境、政治环境、文化环境、自然环境以及波特五种竞争力量等，这与有关研究中制度环境的内容相类似。第二类是根据外部环境的确定性程度划分，分为环境的动荡程度、复杂程度以及竞争程度等。

（1）关于环境不确定性的概念界定。国内外学者对环境不确定性进行了不同的界定。环境不确定性的定义曾出现过分歧，一种观点认为是客观环境不确定性，强调外部环境的客观性；而另一种观点认为是感知环境不确定性，强调组织决策者感知的不确定性才能对战略决策产生影响。米利肯（Milliken，1987）认为，环境不确定性是管理者缺乏相关信息和自身能力不足，难以正确评估和感知企业外部环境不确定的发展状况和趋势。谭和利希斯泰纳（Tan & Litsschert，1994）将环境不确定性定义为与组织经营管理活动相关且可察觉的环境不稳定状态。伦普金和德斯（Lumpkin & Dess，2001）研究认为，组织所处环境的不可预测性以及这种不可预测性对组织创业者战略决策会产生的影响。蒋春燕（2011）认为，环境不确定性为组织成员尤其是管理者感知到对于外部技术和市场环境变化的一种无法预测的状态。许多学者主要研究了感知环境不确定性对组织的影响，但是忽略了客观环境存在的属性，忽视了产业经济和市场理论的相关内容。由于数据的可获取性，本书在度量不确定性时还是采用第二种感知环境不确定性的观点进行研究。综合国内外学者的研究认为，对于组织而言，环境不确定性主要是指在由于缺乏信息而无法了解决策结果以及环境对决策的影响，这种不确定性是一种时刻影响组织经营活动和战略决策的状态和趋势，导致企业不能正确作出科学合理的组织战略决策，具体表现为组织外部一系列不可感知和预测的动态环境变化因素，例如技术、市场、信息、制度和文化等方面。

（2）关于环境不确定性的测量维度。以往许多学者认为，环境不确定包括技术不确定性、顾客不确定性、竞争不确定性以及资源不确定性。随着研究的深入，越来越多的学者认为环境不确定性不是单维的，而是多维的，并且不同维度的环境不确定性对企业的影响作用可能不同。国外学者大部分将其划分为二维和三维，如表2-2所示。

表 2 - 2　　　　　　　　　国内外学者对环境不确定性维度划分汇总

地域	学者	环境不确定性维度划分
国外		二维
	汤普森（Thompson，1967）	异质性/同质性　稳定性/动态性
	邓肯（Duncan，1972）	复杂性　动态性
	德怀尔和韦尔什（Dwyer & Welsh，1985）	异质性　变动性
	克莱因等（Klein et al.，1990）	变动性　多样性
	梅扎儿和尼格（Meznar & Nigh，1995）	复杂性　动荡性
	贝斯提埃莱尔和格罗斯（Bstieler & Gross，2003）	技术不确定性　市场不确定性
		三维或多维
	蔡尔德（Child，1972）	复杂性　差异性　不可流动性
	明兹伯格（Mintzberg，1979）	稳定性　复杂性　敌对性
	德斯和彼尔德（Dess & Beard，1984）	丰富性　动态性　复杂性
	米利肯（Milliken，1987）	状态的不确定性　影响的不确定性　反应的不确定性
	沙夫曼和狄恩（Sharfman & Dean，1991）	丰富性　动态性　资源稀缺性
	贾沃斯基和科利（Jaworski & Kohli，1993）	市场不确定性　技术不确定性　竞争激烈程度
	扎哈拉（Zahra，1996）	动态性　敌对性　异质性
	瓦北达（Volberda，1998）	变动性　复杂性　难以预测性
	谭和谭（Tan & Tan，2005）	动态性　复杂性　敌对性（威胁性）
	詹森等（Jansen et al.，2006）	竞争性　动态性
国内	王益谊等（2005）	复杂性　变化性　可测性　重要性
	李大元（2010）	动态性　敌对性
	牛建波和赵静（2012）	动态性　复杂性
	申慧慧等（2012）	动态性
	武立东等（2012）	复杂性　动态性　丰富性
	袁建国等（2015）	动态性

　　国内学者大部分在借鉴国外学者研究的基础上，结合自己的研究内容对环境维度进行划分。不同的学者对于环境不确定性的划分存在差异，近几年来，大部分学者将维度划分为复杂性、动态性和丰富性三个维度，只是在术语的使用上存在一定差异。一是复杂性。汤普森（Thompson，1967）用术语同质/异质来客观测量复杂性，描述环境要素之间的差异性。蔡尔德（Child，1972）认为，复杂性是一个组织活动的异质性和范围，在此基础上引入市场多元化和所需知识复杂性两个概念丰富完善复杂性的定义。沙夫曼和狄恩（Sharfman & Dean，1991）测量时也加入了这两项内容。总体而言，任务环境要素数量、多元化程度及分布情况能够反映外部环境的复杂性。二是动态性。动态性反映企业信息资源的获取具有不确定性。汤普森（Thompson，1967）用术语稳定/动态来描述环境要素的变

化是不可预计的还是稳定的。同时，动态性既要测量市场的变化，也要测量技术的变化。德斯和彼尔德（Dess & Beard，1984）认为，动态性是指环境的波动性或者难以预测的不连续性。也就是说，外部环境随时间推移而发生变化的程度，外部环境动态变化的速率越快，组织越可能获得不充分或模糊的信息，导致战略行动出现时滞。三是丰富性。蔡尔德（Child，1972）用贫乏术语进行描述，反映环境中资源的可利用性。有些学者利用环境敌对性术语进行描述，认为敌对性是指外部环境为组织提供支持的程度，外部环境的敌对性程度越高，组织则缺少对关键资源的控制。与敌对性类似，德斯和彼尔德（Dess & Beard，1984）认为，丰富性指支持组织成长的环境资源可用性程度。沙夫曼和狄恩（Sharfman & Dean，1991）认为，环境不仅为组织提供资源，环境中的某些要素与组织一起共同为这些资源进行竞争。

2.1.4　企业创新投资内涵和特点

企业创新是指企业技术研发的创新活动的投资额，主要表现为企业的研究与开发投入，是指企业在研究与开发活动上的项目投资。企业要想获得核心竞争力，提升市场占有率，就必须拥有自己的核心技术和竞争优势，这取决于企业创新能力的大小，只有源源不断地加强研究与开发投入力度，从根本上提升企业创新能力，提升企业核心竞争力，最终提升企业自身长远价值。

研究与开发投资与实物资本投资不同，具有自身的一些特点。研究与开发投资项目的期限较长，从前期的基础研究到后期的研究成果转化成实际的生产力，需要漫长的时间，很多项目经过数年时间才能投入生产获得现金流量。而且，研究与开发投资存在较高的风险，具有不确定性。研究与开发项目是否能够成功受到多种因素影响，结果也是难以预料和估计的，新产品研发成功能否获得市场认可、新产品是否存在市场需求等方面都会影响新产品的未来发展。当新产品开发成功后，企业也并不能完全占有研究与开发项目的收益，因为研究与开发活动的成果大多是知识和技术，存在外溢性的特点，很容易被竞争对手以很低的成本剽窃，一旦研究与开发成果出现外溢现象，前期研究与开发投资成本会全部损失，企业的竞争优势还会受到影响。企业研发信息存在不对称的现象，一方面《企业会计准则》没有强制要求企业披露研究与开发投资的信息；另一方面研究与开发活动一般会涉及企业产品创新和企业未来发展等多个方面，管理层不愿意将研究与开发活动的内容和信息透露给外部的利益相关者，以免影响企业的竞争优势。这些都导致了信息的严重不对称，使投资者很难获得研究与开发项目投资的信息。

2.1.5 首席执行官权力的内涵

借鉴国外学者对首席执行官权力的划分维度，将管理者权力划分为结构权力、专家权力、所有权权力和声誉权力四个维度。结构权力来自公司层级结构，首席执行官位于组织层级顶端，有权力影响与控制公司和他人。当首席执行官和董事长是同一个人时，那么首席执行官进入公司治理层，并对公司有更大控制决策权力，影响公司董事会的决议。此外，还可利用报告期的薪酬作为首席执行官权力的一个衡量指标。专家权力来自首席执行官的专业水平，首席执行官作为公司的领导者，专家水平越高，越能够得到董事会的信服，因而获得更多信任和权力，同时也会正确引领公司走向成功的发展方向。首席执行官职称和任期等在一定程度上能够反映出首席执行官的专家权力。所有权权力的衡量指标中，股权是一个重要的指标，首席执行官持有股权，表示其不仅是公司的管理者，还是公司的所有者，首席执行官权力较大。首席执行官的声誉权力是企业的一种无形资产，当首席执行官拥有良好的声誉权力时，能够帮助公司获得各方面的信任和支持，缓解企业的经营困境，本书认为，首席执行官学历越高，企业的声誉权力越大。以上四个维度从不同方面反映了首席执行官权力，对几个维度进行综合加总，最终形成一个综合权力指标。

2.2 相关理论

2.2.1 高层梯队理论

（1）高层梯队发展的理论模型。美国著名管理学家麦凯恩等（McCain et al.，1983）研究认为，可以利用性别、年龄等人口统计学特征作为替代变量对高管团队的稳定性进行研究。汉布里克和梅森（Hambrick & Mason，1984）在麦凯恩等（McCain et al.，1983）研究的基础上首次提出了"高层梯队理论"，从此对于高层管理团队展开了激烈的探讨和研究。在此之前的研究大多数是基于理性经济人假设，认为高管团队成员都是理性的经济人，能够根据企业所处的各种情景因素找到实现组织最大化效用的最优解决方案。但是，现实中当决策者面对复杂的内外部情景要素时，管理者不可能全面认知和了解所有情况，而管理者特征、有限理性、多重目标、不同期望水平等方面会影响管理者的战略选择，导致其不能作出最优选择，理性经济人假设理论失效，同时影响企业的行为。

高层梯队理论认为，面对内外部复杂环境，管理者不可能完全认知，在管理者视野范围内的管理者也只能选择性观察，高管团队认知能力、感知能力和心理特征等因素决定了战略决策过程，最终影响绩效。但是高层管理团队心理特征和感知能力非常抽象，难以加以度量。高管团队的人口背景特征如年龄、学历、任期和职业等方面直接影响高管团队成员的认知能力和价值观，可以很好地反映团队成员的心理特征。每一个团队成员的信息选择都存在差异，会影响企业战略决策和绩效水平，采用团队决策可以将个体决策的局限性降低到最小，因此，为了保证企业决策的高效性，可以通过研究高管团队人口特征客观研究高层管理团队与企业绩效之间的关系。归纳起来，高层梯队理论的具体观点为，一是组织运作中高管自身认知系统和价值观决定战略选择，从而影响组织绩效，因而要了解组织运作，就要了解组织中的高层管理者。二是高管团队的整体特征比单个高管特征能更好地预测出组织的产出。三是利用人口统计学特征变量代替心理特征变量进行实证研究。高层梯队理论原模型如图 2 - 1 所示。

自从汉布里克和梅森（1984）提出高层梯队理论以来，对于高管的研究从首席执行官或单个领导扩展到整个高管团队，高管团队对于企业战略决策及其绩效的影响的研究内容也不断延伸，从高管团队传统的性别、年龄、学历和任期等人口统计学特征逐渐扩展到高管团队社会声望、跨国管理经验、注意力、合法性、自信程度和管理者行为等特征。虽然利用人口统计学变量代替心理结构变量研究整个高管团队对企业绩效的影响取得了巨大的进步和成果，但是原理论模型和研究结果存在缺陷，研究结论并不一致。因为高层管理团队成员之间人口统计学特征上的差异并非是导致战略选择和绩效水平差异的根本原因，而应该更加深入地了解不同性别、年龄、职业背景团队之间互动的过程，加入对于团队运作的"过

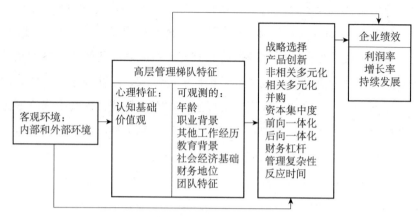

图2-1 汉布里克和梅森高层梯队理论原模型

资料来源: Hambrick & Mason, 1984。

程"变量,才能真正发现影响企业绩效的内在途径。汉布里克(Hambrick,1994)对理论进行了第一次修改,从高管团队的构成、结构与过程三方面进行分解,充分考虑了团队成员之间的冲突、沟通、信息共享和团队合作等行为,认为团队的互动和整合比单独研究单个领导行为更加全面,之后基于此观点,很多学者积极研究发现,高管团队内部的权力分配、冲突、内聚力、激励等的运作过程与绩效直接相关。

随着对于高层梯队理论研究的深入,学者们引入更多的人口统计学背景特征的变量,对于心理结构和团队运作变量方面进行了拓展,出现了调节变量和中介变量,例如,采用高管的管理自由度、过度自信心理、企业家精神、工作需要和团队绩效等调节变量,但是,郝二辉(2011)认为,这些调节变量的增加和评价方式具有较大的随意性并缺乏系统性的考虑。随后,卡朋特等(Carpenter et al.,2004)对该模型进行了第二次修改,在高层梯队理论原模型的基础上增加了更多的调节变量和中介变量,并通过代理理论对调节变量进行整合,称为高层梯队理论的多理论模型,如图2-2所示。

二次修正模型试图将高层梯队理论与代理理论融合为一体进行模型整合,最初的高层梯队理论在研究过程中忽略了企业所处的组织治理环境。而代理理论恰好相反,在研究过程中十分重视治理环境,但是却忽视了高层管理团队成员本身的人口统计特征与心理结构的差异对组织绩效的影响。因此,应该将代理理论与高层梯队理论相互融合,主要考虑以下两个方面内容。第一,代理理论和高层梯队理论研究的都是高层管理团队；第二，两种理论研究能够互相补充。因此，高层梯队理论第二次修正模型考虑了战略选择、高管团队或董事会更换等治理结构方面的因素，同时考虑外部环境和组织环境等前置变量，加入权力、动机、自主决策、团队过程和整合程度等调节变量，促使高层梯队理论的研究更加全面系统。

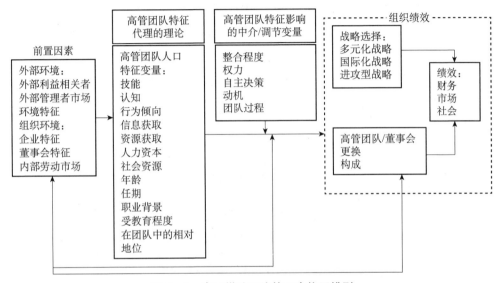

图2－2　高层梯队理论第二次修正模型

资料来源：Carpenter et al.（2004）。

综上所述，可以发现，随着汉布里克和梅森（1984）"高层梯队理论"的提出，对于高管团队的背景特征的研究主要体现在以下三个方面：第一，企业一般的统计学特征，例如年龄、学历、性别和任期等。第二，高管的知识背景特征，例如教育背景、职业背景和培训背景等。第三，高管的薪酬包括货币薪酬、股权激励和在职消费等方面。目前国内外学术界已经开展了有关管理者背景特征与公司治理和投资决策方面的研究，但主要集中在三个方面：一是管理者背景特征与公司治理和企业经营绩效的关系；二是管理者过度自信与公司治理和企业经营绩效的关系；三是管理者异质性与公司治理和企业经营绩效的关系。

（2）高层梯队理论跨层次整合模型。组织内部是由不同的个体、团队和部门组成并相互作用和影响，同时受到外部环境多重因素的制约，所以组织应该被看作一个跨层次整合的系统进行研究和分析，因此，结合企业外部环境中的文化和行业等重要因素，遵循行为特征—团队绩效—企业绩效的逻辑关系跨层次整合高层梯队理论，具体如图 2 - 3 所示。

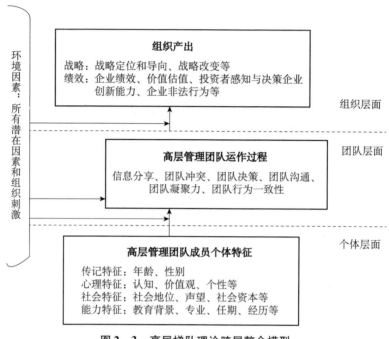

图 2 - 3　高层梯队理论跨层整合模型

　　跨层次整合模型将高管团队的影响划分为四个方面：一是高管团队背景特征中的个体特征层面对组织产出的影响。其中，个体特征包括人口统计学特征中的年龄和性别等方面，这些都会对组织产出产生差异性的影响。登普斯特和哈特（Dempster & Hart，2002）研究发现，性别差异对问题的处理方式会产生不同的影响。维塞马和班特尔（Wiersema & Bantel，1992）研究发现，年龄会影响组织战略选择和行动倾向。二是认为高管团队个体背景特征对团队运作产生影响。高管团队内部运作方面集中在不同年龄、性别、职业经验等特征影响成员之间的融合与冲突、权力分配与行为整合等团队绩效。史密斯等（Smith et al.，1994）研究发现，高管团队成员之间的权力不平等分配会对团队绩效产生正向影响。而李懋等（2009）的实证研究发现，高层管理团队成员之间沟通越顺畅就越容易消除和化解团队内的情绪冲突降低其对团队决策质量的负面影响。三是研究团队运作过程等团队层面对组织层面产生的影响。汉布里克（Hambrick，1997）研究发现，高管团队"行为整合"越好，企业发展也更加顺利，说明团队行为整合正向影响企业绩效。四是加入环境调节效应。企业管理的有效性受到其所依赖的内外部环境情景因素的影响，所处的文化、行业、经济环境都会影响企业战略选择。例如，秋和汉布里克（Cho & Hambrick，2006）研究发现，行业背景不同，高管团队对企业绩效的影响可能也不同。孙海法等（2008）研究发现，企业性质不同使高管团队行为动态机制产生差异。

高层管理团队发展 30 多年，取得了丰富的成果，但是仍然存在不足，第一，多数研究考虑高管团队对企业绩效的影响，没有考虑对具体战略决策的影响。第二，利用人口统计学特征代替心理特征的研究较多，较少地考虑了团队内部运作的过程。第三，研究中较少同时考虑企业所处的内部公司治理环境以及外部的环境动态性变化。因此，本书在已有研究的基础上，形成外部环境政策—企业外部信息和资源环境—高管感知能力（人口统计学特征）—高管团队战略决策—创新战略—创新投资—企业绩效这一研究链条进行研究。

2.2.2　创新理论

最早将创新作为一种理论提出的是 1912 年美国哈佛大学经济学家熊彼特教授。他在其著作《经济发展概论》中认为，"创新"是生产函数的变动，将新的生产要素和生产条件的"新结合"引入生产体系，从而建立了一个新的生产函数。其中，新的生产要素和生产条件包括新产品、新技术、新市场、新原料和新组织目标等，创新是引领经济增长和发展的核心动力，是打破旧均衡实现新均衡的内生动力。1928 年熊彼特在《资本主义的非稳定性》中认为创新是一个过程。1939 年熊彼特在《经济周期》中系统全面地阐述了创新的概念和理论，认为现代经济迅速增长的核心动力是"创新"。创新理论是熊彼特一生中全部理论的核心理论。萨伦（Saren，1984）提出五类企业技术创新过程模型。特威斯（Twiss，1992）对于企业技术创新综合过程提出模型，丰富了创新理论，带动了评价技术创新的研究。曼斯菲尔德和李（Mansfield & Lee，1996）构建了以技术为核心的创新理论基本框架，并形成技术创新经济学。近百年来，许多学者都对企业创新的动力、来源和环境等因素进行相关研究，不断丰富和完善了创新理论。此后，技术创新、市场创新、制度创新和管理创新等创新理论相继提出，丰富了创新理论的内容，同时为社会的发展进步提供了理论基础。高管团队是企业创新的主要驱动力，熊彼特强调了企业高管在创新中的主体作用，同时创新也是企业家的职能。后续学者对于技术创新的研究，可以表现在以下三个方面。

一是对于技术创新能力的评价和度量。针对技术创新能力评价的研究主要是创新目的、创新的新颖性、促进或阻碍创新因素分析以及创新对企业行为的影响，并从研究与开发、专利和创新目标等方面对技术创新结构进行研究。拉里等（Larry et al. ，1984）认为，企业的技术创新综合了适应能力、创新能力和技术与信息的获取能力；伦纳德·巴顿（Leonard-Barton，1992）认为，企业技术创新能力的核心包括具有专业素质的人才、较高的管理能力、科学完善的技术系统及正确的企业价值观等。利希滕塔尔和米斯瑟（Lichtenthaler & Muethe，2012）认为，动态创新能力可以从不同维度分解。二是对于技术创新动态能力进行评价和度量。徐宁等（2014）以动态能力理论为基础构建了技术创新的动态整合模型，结果表明，投入能力、产出能力与转化能力三个维度共同构成了技术创新的动态能力，技术创新动态能力对于企业价值创造具有明显的促进效应；徐思雅和冯军政（2013）基于丹尼尔斯（Danneels，2002）的研究将动态能力分为杠杆化现有资源、创造新资源、获取外部资源以及释放资源四个分析维度，将其聚焦于获取外部资源以及资源释放这两个维度。三是企业技术创新绩效研究。高建等（2004）最早对技术创新绩效进行界定，他们认为，企业技术创新绩效通过创新过程的效率、成果产出率以及商业贡献率等指标进行衡量，技术创新是由产出绩效和过程绩效两部分组成的。陈劲和陈钰芬（2006）在度量产出绩效时采用经济效益、直接技术效益、技术积累效益这三个指标。刘铭和姚岳（2014）的观点则把经济效益和社会效益作为衡量企业技术创新绩效的指标。

高管在技术创新中的职能主要体现在提出创新设想、规划技术创新活动、筹措创新资金、组织技术开发、建立有效的社会关系网络以及推进技术创新成果的商业化。处于战略制定和执行层面的企业高层管理人员虽然不一定直接参与具体的研发工作，但他们的作用贯穿于企业技术创新的整个过程。而技术创新的过程包括技术创新投入、技术创新产出和技术创新转化三方面的过程，是由一个不同环节整合而成的动态过程，是以公司价值创造的实现为终极目标。高管团队特征及异质性对企业技术创新的影响如图2-4所示。

由图2-4可以看出，企业的利润主要依赖产品或服务的销售收入来实现。随着市场竞争程度增加，原有产品生产的主流业务无法满足顾客的需求，这时，主流业务需要技术创新活动来提供资源，那么技术创新投入是创新活动的开端，也是技术创新的必要条件，只有充足物质资本和人力资本的投入，才能使创新活动获得丰富的资源支持，产生足够的创新内生动力。然后是创新产出环节，是创新活动的直接成果，具体表现为专利等。真正能够实现企业价值反馈的环节是技术创新的转化，经过这个阶段创新的产出成果能够为公司创造有价值的资产，提高企业绩效，维持企业持续稳定的成长。高管团队成员的个人特征直接影响了创新决策投入、产出和转化的整个过程，因而在企业价值创造发挥着重大作用。

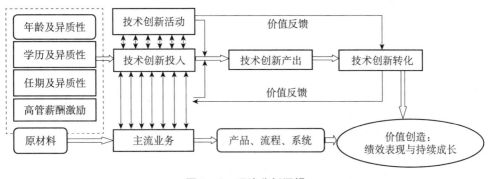

图 2-4　理论分析逻辑

2.2.3　社会类化理论

社会类化理论（social categorization theory）起源于社会心理学，是心理学和管理学观点的创新融合。社会认同理论的建立过程包括社会分类、社会比较和积极区分三个方面。社会类化就是人们会自动将事物分类，并自动区分内群体和外群体，并赋予内群体正面评价，而赋予外群体负面评价。比较不同群体间的权力、名望、地位和资源等，社会比较过程促使观念行为一致的成员更加团结，并远离不一致的群体。积极区分表现为个体在对比社会各方面的资源后离开一般群体并寻找更加优越群体的过程。

根据社会类化理论，人们往往在找准自身定位和归属的过程中要与其他个体进行比较，在比较的过程中，通常喜欢发现自己与周围人的不同，并通过个体属性差别将自己与周围的其他人进行不同的社会归类，确定自己的类别后，通过改变自身的一些特征来满足群体要求，同时也失去了一些自己的特征，逐步融入该群体，对自己所属的群体产生社会认同感。如果对方属于自己所属的群体，则赋予正面的评价，如果对方不属于自己所属的群体，会产生排斥或歧视外群体的现象。社会类化理论为高管团队异质性研究奠定了理论基础，在多样化的群体中，成员会根据社会类化理论定位，社会类化过程会日益加深刻板印象和群体内偏见的产生，最终因为观点和价值观的差异降低团队的凝聚力并加剧冲突的发生，进而负向影响企业战略和企业绩效。

2.2.4 决策理论

决策理论是将系统理论、运筹学、计算机科学综合运用于管理决策的问题，代表人物是赫伯特·西蒙，该理论形成了有关决策过程、准则、类型及方法的完整理论体系。古典决策理论认为，决策者都是完全理性的，掌握决策环境的全部信息，能够消除不确定性，作出最优决策，获得利益最大化。现代决策理论认为，决策并非是完全合乎理性和逻辑的，经理人决策时的信息可能是不充分和不完备的，受到有限理性的制约，这种有限理性是介于完全理性和非完全理性之间的，决策过程会受到管理者价值观、知识和技能影响以及信息和知识不充分的限制，因此，信息是决策的一个重要影响因素。

信息决策理论（information and decision-making theory）认为，信息是企业决策的基础，信息的质量和数量关系到决策效果的好坏。该理论是从信息的角度讨论决策的问题。组织是一个信息处理系统，管理者作为组织的战略决策者要处理各种信息，通过信息的处理和识别来实施企业决策。团队成员制定战略决策实质上是信息的流动和再生的过程，首先取得和识别信息，并对信息加工和处理；其次在战略实施和执行过程中发送信息；最后采取组织行动。高管团队在这个过程中收集、互换、解释并传递信息，采取行动。只有拥有完整、及时和准确的信息资源，才是高管团队作出科学合理决策的前提保障条件。另外，如果团队成员没有获得完整真实的知识信息资源，那么会受到虚假信息的干扰，使组织陷入较大的风险当中。信息决策理论认为，高管团队成员在进行战略决策时拥有的信息数量越多，质量越高，决策效果越好。也就是说，组织内部多样性特点可以增强组织内部信息及观点的交流、讨论和互换，整合知识、思想与相关见解。信息决策理论为异质性研究奠定了理论基础，异质化程度高的团队可以获取更多的资源和信息，团队成员之间的信息资源进行交流、交换，可以弥补个体知识和信息的局限性，带来丰富而多元的观点和视角，促进组织内部的学习和提升，帮助高管团队作出高质量且极具创造性的战略决策，解决企业的困难和危机，提升组织核心竞争力。

2.2.5　资源依赖理论

资源依赖理论是指组织只有降低对外部关键资源的依赖程度才能实现存活的根本目标。资源是约束企业可持续发展的关键性因素，组织生存发展需要从周围环境汲取资源，并且与周围环境相互依存、相互作用才能达到发展的目的。组织在与外部环境互动的过程中想要达到自身发展目的，一方面可以服从外部环境的变化；另一方面则是降低对外部环境的依赖程度。因此，组织获取和控制外部资源的能力，对其能否在激烈的市场竞争中取得胜利有着很大程度上的影响。

资源依赖理论阐述了组织与环境之间的依赖关系，组织会采用各种策略来应付外部环境的变化，组织尽量地能够适应和选择环境。组织的管理者会选择、参与和制定一系列的战略决策，当面临同样的环境时，不同的组织或者同一个组织的不同管理者会产生不同认知和理解过程，采用不同的战略选择、参与和设定方式。在组织与环境的互动过程中，组织获得了充分的决策制定的主动权。组织会积极应对资源需求并作出反应，与其他组织建立联系，并控制和操纵其他组织来实现自身的独立，同时积极改变环境因素，例如建立政治关联、参与政治活动、参与法律法规的制定等。

2.2.6　代理理论

委托代理理论也称完全契约理论，是契约理论三大分支之一，是过去 30 多年契约理论较为重要的发展之一。该理论主要研究在利益矛盾冲突和信息不对称的环境下，委托人如何设计最优契约机制激励代理人。代理理论认为，研究公司治理的核心在于代理关系方面的研究，而所有权与经营权相分离而产生的代理冲突则是公司内部最为突出的代理问题。技术革命使生产力规模性增长，推动了社会分工和社会分工的专业化程度。所有者由于能力、精力有限而将公司的经营权交给专业知识丰富的职业经理人管理，双方签订契约，形成受托责任的关系。代理人受雇于委托人，具有一定范围内的决策权，代理人工作业绩的好坏由委托人支付相应的报酬。代理人已经基本上取代委托人成为公司的主要控制者。委托人的目标是希望通过专业的职业经理人对企业的经营管理获得股东价值最大化，最终实现自身财富最大化；而代理人的目标却是希望能够获得更高的薪酬待遇、闲暇优渥的生活品质和更多的在职消费，因此，委托人和代理人之间的利益冲突矛盾是难以调和的。代理人长期管理经营企业更加了解企业情况，更容易利用信息优势而谋取私人利益而侵害委托人也就是股东的利益，此时如果内部契约条款不完备，代理人就会利用职务之便侵占公司更多的剩余资源份额，出现一系列逆向选择和道德风险等代理问题。拉波尔塔等（La Porta et al.，2000）研究发现，大多数国家的上市公司存在控股股东现象，并且股权相对集中在控股股东手中，而公司的管理者也在逐渐开始拥有公司的部分股权，因而最初的代理问题的主体发生了转变，演变成为公司控股股东和中小股东之间的矛盾冲突问题，大股东利用控股股东身份剥削侵占小股东的利益，最大限度地转移侵占公司资源。

高管团队成员是企业较高层的管理者，负责企业日常的经营管理工作，分析外部环境变化和组织内部控制活动，并作出科学合理的战略决策，团队内部存在委托代理问题，具体体现在高管团队的薪酬水平方面，为了有效地激励高层管理团队合理经营企业，优化企业资源的配置方案，应该采取有效的薪酬激励契约模式，有效的薪酬契约模式能够合理解决代理关系产生的一系列问题，并不断提升企业战略决策的实施效果，提升企业的核心竞争力，对促进企业持续、稳定和健康的发展具有重大的意义和作用。

2.3 本章小结

本章主要研究高管团队特征及异质性影响企业创新投资的概念和相关理论，对高管团队及异质性、环境不确定性、企业创新投资和首席执行官权力的基本概念进行界定并明确环境不确定性维度的测度指标，对高层梯队理论、创新理论、社会类化理论、信息决策理论、资源依赖理论以及代理理论进行探讨和评价。

第 3 章　高管团队特征及异质性影响企业创新投资的机理分析

3.1　高管团队特征影响企业创新投资的理论分析

3.1.1　高层梯队理论下高管团队特征及异质性对企业创新投资影响

新古典经济学理论认为，企业不同的经理可以彼此之间形成完美的相互替代，换句话说，经理人都是理性的，在面对相同的经济环境时，不同的经理人会作出相同的理性选择。因此，在新古典经济理论下，高管团队成员各自分管公司的相关部门并作出相关的战略选择，但是这些决策选择不会受到高管团队个人特征的影响。而高层梯队理论认为，企业的战略选择和绩效水平会在一定程度上受到高管团队成员背景特征的影响，其核心观点为高管人员过往经验、价值观和人格等方面特征会显著地影响他们在面对环境时的解释和感知的情况，进而会影响他们的战略选择。异于新古典经济理论，高层梯队理论承认高管异质性的存在，认为不同高管个体存在差异，并强调了高管背景特征在塑造企业战略和业绩方面扮演着重要的角色。高管团队成员在公司治理的过程中发挥着重要作用，负责经营管理企业运行，高管团队成员年龄、学历和任期等背景特征及异质性影响了公司创新投资战略的选择。

3.1.2　代理理论下高管团队特征对企业创新投资的影响

委托代理理论认为，解决代理冲突的有效途径为给予高管团队成员有效的薪酬激励，高管薪酬激励可以将企业业绩与高管薪酬水平相挂钩，尤其是股权激励可以强化股东与高管之间的利益共享和风险共担机制，有助于减弱高管在职消费过度，侵占企业股东财富和其他的机会主义行为。但是股权激励水平过高会引发高管的权力过大，在投资决策方面可能出现为谋取个人利益的非效率投资行为。货币薪酬激励可以使高管与股东的利益相一致，抑制委托代理产生的矛盾，增加薪酬待遇在一定程度上可以弥补高管实施创新投资而放弃短期收益的损失，货币薪酬激励对企业创新投资在一定程度上具有促进作用。高管成员为了追求从股东手中获得更高的职位消费权力，会以创新投资方式扩大企业规模和核心竞争力，从而提升企业的价值创造能力来体现自身的工作能力和价值，从而获取更多的薪酬激励和在职消费权力。

3.1.3　信息决策理论下高管团队异质性对企业创新投资的影响

信息决策理论认为，信息是企业决策的基础，西蒙的现代决策理论认为，信息的质量和数量关系到决策效果的好坏。企业中的高管并非是完全理性，个人的认知能力和价值观受到自身年龄、学历和任期的影响，当高管团队异质性程度较高的情况下，团队会拥有多样化的人力资源、多元化的知识信息资源、多角度和多方位的认知方式，从而获得多渠道的信息资源，帮助高管团队从不同视角和方向观察、分析和解决企业经营管理复杂问题，使各项战略决策更加有效果和有效率，改善企业决策质量，提升企业创新投资力度，提高企业创新产出效率，最终提升企业的绩效水平。

3.1.4　社会类化理论下高管团队异质性对企业创新投资的影响

社会类化就是人们会自发将事物分类，且自动区分内群体和外群体，并赋予内群体正面评价，而赋予外群体负面评价。异质性较高的团队成员大多善于独立观察、思考和分析解决问题，对团队内部成员的心理认同程度较低，成员往往固执己见，会产生排斥或歧视外群体的现象，这样导致团队内部产生内耗和分裂现象，降低了团队整体上的凝聚力和战略决策水平，也就会影响企业创新投资水平。基于社会类化理论，认为对于高管团队成员年龄、学历和任期异质性程度加深，可能产生矛盾和分歧，内群体矛盾不断激化，影响团队内部的团结和沟通，不利于创新投资决策的制定和实施。

3.1.5 资源依赖理论下高管团队特征及异质性对企业创新投资的影响

组织理论的研究已由封闭系统进入开放系统的发展过程，组织的经营管理活动是嵌入外部环境中的，一定会受到环境因素的影响，因而越来越多的学者开始关注外部环境变化的不确定性程度对企业经营战略活动的影响，资源依赖理论阐述了组织与环境之间的依赖关系，组织会采用各种策略来应付外部环境的变化，组织会尽可能地适应和选择环境。组织外部资源越丰富，高管团队越能够从外界获取相应的资源和信息支持企业创新投资决策。而当外部资源环境匮乏时，组织无法获得外部信息和资源，出现融资约束等现象，导致资金不足，创新投资的现金流匮乏，影响企业创新项目投资力度。因此，本书借鉴学者的研究，将外部环境划分为动态性和丰富性，反映外部环境的信息和资源的变化情况。在动态性和丰富性程度不同的情况下，不同高管团队特征及异质性成员感知存在差异，会对企业创新产生不同影响，影响企业的创新投资水平。

3.2 高管团队特征及异质性影响企业创新投资的路径机理分析

3.2.1 不同首席执行官权力下高管团队特征及异质性与企业创新投资关系的机理分析

从汉布里克和梅森（Hambrick & Mason，1984）对于高层梯队理论的研究出发，高层梯队理论引进两个重要的调节因素：管理者酌量权和经理工作需要。一方面，汉布里克和芬克尔斯坦（Hambrick & Finkelstein，1995）认为，在高层梯队理论背后存在一个重要的假设就是管理者拥有一定程度的酌量权，管理者拥有的酌量权越多，个人特征就越能够反映在组织产出中。另一方面，经理工作需要是经理将其工作视为困难或具有挑战性的程度，当工作需求较高的情况下，他们并不能完全、准确地对所有信息进行处理，并作出理性和最优决策，因此，经理工作需要越高，经理特征与战略选择之间的关系越强，而首席执行官权力可以作为管理者酌量权的替代变量，首席执行官权力越大反映管理者酌量权越大，则越会影响组织战略决策。此外，首席执行官是企业处理日常事务的"一把手"，是组织企业生产经营活动的核心人物，能够控制企业的战略选择并制定决策，对组织的业绩负有最终的责任。本书将首席执行官权力分成结构权力、专家权力和声誉权力，并将首席执行官权力作为高管团队特征及异质性影响企业创新投资决策的条件之一，并预测首席执行官权力会调节高管团队特征及异质性对企业创新投资的影响。

3.2.2 不同环境不确定性下高管团队特征及异质性与企业创新投资关系的机理分析

根据资源依赖理论，组织处于开放的系统环境内，受到外部环境资源和信息的动态变化的影响。汉布里克和梅森（Hambrick & Mason，1984）对于高层梯队理论的研究认为，面对内外部复杂环境，管理者不可能完全认知，在管理者视野范围内管理者也只能选择性观察，可见，环境丰富和动态性是重要的调节因素。环境变化影响高管团队成员获取外部环境信息和资源的渠道和水平，影响高管团队信息处理和加工程度，进而影响企业的战略选择和企业的最终绩效。由此可见，不同环境不确定性条件下，高管团队特征及异质性与企业创新投资的相关性存在差异，是值得深入研究的问题。本书通过构建多元回归模型，就不同环境动态性和丰富性程度下高管团队成员特征及异质性等指标对企业创新投资战略决策的影响进行了综合的分析和探讨。

3.2.3 高管团队特征及异质性影响企业创新投资的理论分析框架构建

综合对高管团队特征影响企业创新投资的理论依据、条件和路径的分析结果，本书构建高管团队特征及异质性影响企业创新投资的理论分析框架，如图 3-1 所示。依据图 3-1，基于高阶梯队理论认为，高层管理人员能够决定组织战略的形成和未来的发展走向，并能够领导和影响企业内部员工的组织行为模式，分析了高管团队特征直接作用于企业创新投资，探讨高管团队特征及异质性之间交互关系对企业创新投资的影响。而且，在第一代和第二代模型中均将外部环境特征变量作为重要的前因变量，因此，本书借鉴德斯和彼尔德（Dess & Beard，1984）对环境变化的维度划分，利用动态性和丰富性反映外部环境的信息和资源的变化情况，将环境动态性和环境丰富性作为重要的环境变量纳入研究模型，探讨高管团队特征及异质性影响企业创新投资的重要情景变量。高管团队特征及异质性影响企业创新投资的过程受到首席执行官权力和外部环境动态性和丰富性程度变化的调节。一方面，形成外部环境变化影响企业外部信息和资源环境—高管感知—高管的战略决策—企业创新战略—企业创新投资的路径；另一方面，形成首席执行官权力大小影响控制高管决策行为—企业创新战略—企业创新投资的路径，形成组织内外部因素对高管团队创新战略影响的双向链条。

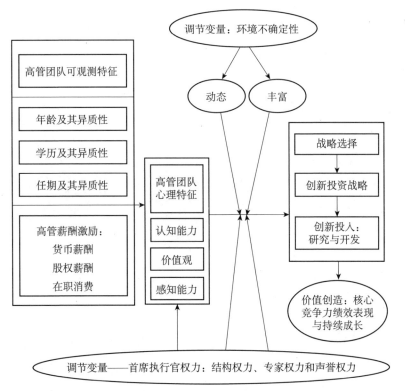

图3-1 高管团队特征及异质性影响企业创新投资的理论分析框架

3.3 本章小结

本章主要分析高管团队特征及异质性影响企业创新投资机理。首先，在高层梯队理论、代理理论、信息决策理论、社会类化理论和资源依赖理论条件下对高管团队特征及异质性影响企业创新投资进行理论分析。其次，探讨了不同首席执行官权力下和不同环境不确定性条件下高管团队特征及异质性对企业创新投资影响的相关性差异，并构建理论分析框架。

第 4 章　高管团队特征及异质性
对企业创新投资影响的实证研究

4.1　理论分析与研究假设

4.1.1　高管团队特征与企业创新投资

汉布里克和梅森（Hambrick & Mason，1984）的高层梯队理论认为，面对内外部复杂环境，管理者也只能选择性观察，高管团队认知能力、感知能力、心理特征等决定了战略决策过程，最终影响绩效结果，因此，高管团队在组织创新战略制定和实施过程中发挥着重要的作用。但是，高层管理团队心理特征和感知能力非常抽象，难以加以度量，而高管团队的人口特征如年龄、学历和任期等方面直接影响高管团队成员的认知能力和价值观，并且可以较好地度量，且很好地反映团队成员的心理特征，是心理特征的有效替代变量。人力资本中的人口统计学特征的多元化能够为组织提供丰富的信息资源，有助于企业制定创新型战略，提升企业创新强度而改善组织创新战略的实施效率。

（1）关于高管平均年龄。一般研究认为，年轻的高管对其职业前景有更长的规划和预期，希望能够更好地发挥自身的人力资本价值，在工作中更愿意学习新方法尝试一些创新性的冒险行为，体现不同的价值观和风险偏好，更愿意根据不断变化的市场环境，调整自身的战略决策、投资行为，具有较强的适应能力。年轻高管与年长高管相比较而言，由于成长环境、所受教育方式不同和职业经验方面的差异，具有更强的冒险精神和风险承担意识。而年长的高管在体力、精力、学习能力和推理能力等方面都有所下降，其适应环境变化及信息整合的能力也较弱，因此，他们决策时更多的是靠过去的职业经验，且不愿意采取冒险行为，表现出风险规避的特征，从而较少改变企业的战略决策。相反，年轻的高管则更愿意创新。另外，汉布里克和梅森（1984）认为，如果高管在任期内无法获得投资回报，而投资又具有较高的风险，高管会出于职业稳定和收入安全的考虑，偏向于规避风险并维持现状。郭葆春和张丹（2013）通过对创业板企业的实证分析发现，年龄较低的高管团队更具有冒险精神，更加热衷创新活动，对于创新投入力度较大。但还有少数学者提出相反的观点，例如弗勒德等（Flood et al.，1997）认为，年长的高管能够对企业自身的运营状况和市场环境具有更好的控制，因而能够充分考虑企业内外部风险因素而作出更明智、更准确的战略决策，对于新产品的研发能力具有更强的敏感性。本书赞同大多数学者的观点，认为年轻的高管具有较强的创新意识，而年长的高管更加倾向于采取保守的战略决策而减少研发创新方面的投入力度。

（2）关于高管平均教育水平。高管团队受教育水平越高，创新意识和倾向越明显。汉布里克和梅森（1984）指出，高管受教育程度会很大程度上影响高管的认知能力、机会识别能力以及信息处理能力，这些都会影响高管的决策能力。对于企业来说，创新机会的识别需要高管的认知和信息处理能力，而教育水平能够体现一个人的价值观和信息处理能力，那么可以说，企业的创新与管理者的受教育程度息息相关。希特和泰勒（Hitt & Tyler，1991）认为，受教育程度越高的人拥有更高的认知复杂度和更强的信息处理能力。托马斯等（Thomas et al.，1991）研究表明，企业高管团队受教育水平越高，创新程度越高。另外，高管团队的受教育程度越高，越能够迅速收集和整合企业内外部影响战略决策的信息资源，越有利于企业制定创新性战略决策。一般来说，具有较强创新性的公司是由受教育程度较高的首席执行官掌管的。而首席执行官是否拥有大学文凭会显著影响企业研发投资。然而，也有学者得到相反的结论，例如弗勒德等（Flood et al.，1997）认为，教育程度高的高管团队在信息处理方面存在无效分析的状况，因而平均学历低的高管团队与平均学历高的高管团队相比开发新产品的速度更快，受教育程度高的高管团队可能会作出规避风险的战略决策。本书认为，受教育程度影响个体的认知能力、学习能力、洞察能力，同时影响高管信息获取和处理能力，受教育高的高管能够更加准确地分析模糊不确定的环境，作出科学合理的创新决策。

（3）关于高管平均任期。我国是关系型社会组织形态，高管随时间积累建立起来的关系网络是企业与其他企业、个人和政府保持良好关系的重要资源。因此，高管任期对于其搭建关系网络资源是有利的，同时，高管工作年限越长，更能够深刻掌握和了解行业的发展情况，与外部交流更加顺畅。在内部管理方面，任期越长，高管越有足够的时间与团队成员建立畅通的沟通渠道，减少内部成员之间的冲突和矛盾。许多学者认为，高管任期对企业发展绩效具有促进作用，其中，企业发展绩效包括经营绩效、技术创新、国际化战略等方面。刘运国和刘雯（2007）以我国主板数据为依据，验证了高管任期越长，研究与开发投资强度越强，两者存在显著正相关。然而，有些学者认为，高管任期越长，越不利于企业的研发投资战略的实施。管理者在企业工作的初期，积极学习各种知识，形成成功的战略模式，衍生过度自信心理，随着任期的增长管理者推崇昔日成功模式，可能墨守成规，从而表现出保守和维持现状的特征，不适应新的市场环境而产生冲突，最终使他们没有动力获取更多的信息去改变现状，从而使任期长的管理者更不倾向于创新性投资，蒋尧明和章丽萍（2012）对银行业的研究证实了高管团队成员的平均任期对创新投入有显著的负向影响。

另外，还有部分学者认为，高管团队任期与研究与开发呈倒"U"型关系。陈守明等（2011）以2004~2008年602个中国上市公司为样本研究首席执行官的任期与研究与开发强度呈倒"U"型关系，且这一转折点发生在首席执行官任期约为7年的时点。任职初期高管积极学习各方面的知识，随着高管任期的加长，增加了企业高管团队成员的内部交流沟通、磨合的机会，同时高管团队享受企业激励机制带来的个人利益，此时高管更倾向于作出有利于企业创新投资的发展战略。但达到一定的任期长度时，管理者惰性增强，更加推崇自己过去成功的经营方式，不适应外部环境发展的新形势，更强调组织的稳定，失去变革的意愿，不愿意加强研究与开发投入。但是，由于我国创业板的企业上市时间较短，一般平均存续时间还比较短，因而高管团队人员的任期一般不太长，大多高管的任期小于7年，任期还没有达到转折点的时点，还处于促进企业创新投入阶段，因此，本书认为，高管团队平均任期与企业创新投资之间正相关。

综上所述，提出以下假设。

H1a：高管团队成员年龄越年轻，创新投资水平越高；而高管团队平均学历、任期与创新投资水平呈正相关关系。

（4）高管团队薪酬激励与企业创新投资。高管薪酬激励同时包括显性激励和隐性激励，显性激励具有明确的合同，例如货币薪酬激励和股权薪酬激励，隐性的激励模式没有明确的合同，最为常见的是控制权激励、在职消费、晋升等方面。高管薪酬激励是一个契约体系，而非单一作用效应，多种不同激励契约会产生整合协同作用对技术创新投入产生影响。由于数据的获取问题，很多学者将研究重点聚焦于显性薪酬激励，较少考察隐性激励对创新的影响。未来的研究重点将集中在公司治理各维度协同对技术创新的作用。

创新活动是企业降低经营成本、提高核心竞争力的关键，决定企业经营发展的成败。企业的委托代理双方在利益上的矛盾影响研发费用的投入力度，而高管薪酬作为一种委托代理的重要激励机制，能够有效约束高管的短期行为，但是，企业的创新活动存在较高风险性，投资收益回报周期长，加上高管团队薪酬水平完全取决于企业经营的成败，高管团队成员为了获取稳定薪酬会比较厌恶投资风险。从另一个角度来看，有效的激励机制可以预防高管"偷懒行为"，抑制高管团队成员的风险规避行为，从而促进企业技术创新。本书从以下三个方面探讨高管薪酬激励对企业创新投资影响，并提出研究假设。

第一，关于高管货币薪酬激励对企业创新投入的影响。高管团队货币薪酬激励可以促进高管团队成员与股东利益相一致，在一定程度上抑制委托代理关系产生的矛盾，而且增加高管薪资待遇，能够弥补高管为进行创新投资而放弃短期收益所产生的损失，鼓励高管团队从事一些风险性项目投资，抑制高管团队的风险规避动机，因此，货币薪酬激励还是有促进创新战略落实和实施的可能性。但是关于这方面的研究较少，李春涛和宋敏（2010）、张宗益和张湄（2007）、唐清泉和甄丽明（2009）研究发现，高管货币薪酬激励与研发投入具有显著的正向关系。此外，基于公平理论，如果高管获得的薪酬水平高于同行，高管会因所具有的优越感而努力工作。刘伟和刘星（2007）、田元飞等（2009）也通过实证得到薪酬激励与研究与开发之间存在正相关关系，不同点在于他们认为这种正向关系仅在高科技类上市公司中存在。

第二，关于股票薪酬激励对企业创新投入的影响。企业高管抵制创新活动的原因之一是在委托代理理论下股东与高管的长短期目标追求之间存在利益矛盾，导致两者追求的目标不一致。高管持股可以降低代理成本，缓解代理冲突问题，通过高管持股赋予对企业的归属感，增强高管主人翁意识，使股东和高管追求的目标趋于一致，增加符合企业长远发展目标的研究与开发项目投资。吴和涂（Wu & Tu，2007）研究发现，公司业绩越好，高管持股对公司研发投入正向作用越大；而冉茂盛等（2008）的研究表明，创新能力较强的企业应引入股权激励模式。

第三，关于在职消费对企业创新投入的影响。在职消费是控制权激励的一种形式，学者对这种激励模式的经济后果进行了大量的研究，存在以下观点。一方面学者研究发现，作为隐性薪酬的在职消费具有正面效应。例如，拉詹和伍尔夫（Rajan & Wulf，2006）认为，在职消费能够提升企业效率。阿迪斯潘杨库等（Adithipyangkul et al.，2011）的研究结果显示，在职消费能够提高企业未来资产回报率。另一方面耶尔麦克（Yermack，2006）认为，在职消费会产生负向的经济后果，包括在职消费会增加企业的代理成本；耿云江和王明晓（2016）则认为，企业在职消费增加的同时会降低企业绩效和企业价值。然而，纵观国内大量的在职消费经济后果的研究，较少有关于在职消费影响创新的研究。而一些研究在职消费与创新的关系也存在一定的缺陷。

综上所述，提出以下假设。

H1b：高管团队货币薪酬激励、股权激励、在职消费对于企业创新投资具有促进作用。

4.1.2　高管团队异质性与企业创新投资

高管团队异质性是指高管成员之间人口背景特征、认知以及价值观的差异化程度。高层梯队理论认为，人口特征能够作为高管心理认知的替代变量，高管团队人口特征异质性会影响企业的创新决策与绩效。

（1）高管团队特征异质性对企业创新投资具有促进作用。奥苏利文（O'Sullivan，2000）从创新过程特点出发，认为推动企业创新的公司治理机制包括财务支持、组织整合和内部人控制，因此，内部人控制要求企业创新活动的投资决策必然会受到高管团队成员的控制。高层管理者作为上市公司战略决策的主体，其认知水平、沟通、矛盾、冲突等的相互作用都会对企业创新投资产生重要的影响。汉布里克和梅森（1984）指出，高管团队成员的异质性意味着他们在价值观、认知模式等方面存在差异，在团队作出决策时，能够获取不同渠道的信息资源，在拓宽整个团队视野的同时也使团队能够识别出更多的机会，从而提升整个团队解决问题的能力，因此，异质性程度高的团队更适合处理非结构化、创造性的问题，创新导向将更明显。西蒙斯等（Simons et al. , 1999）也认为，高管团队的异质性使成员看待问题时将产生不同意见，引发成员间的积极讨论，包括对企业内外部环境存在的机会和风险、企业自身的优劣势和各种决策方案利弊的深入分析，从而有利于高管团队作出高质量、创新性的战略决策，提高整个团队解决问题的能力。费里尔（Ferrier, 2001）通过研究高管团队人口特征与企业制定的一系列战略之间的关系发现，高管团队的异质性程度越高，企业竞争战略频率越大，且越倾向于先采用进攻型战略，而且，随着团队异质性的增加，企业采取的这种进攻型战略也越复杂。马富萍和郭晓川（2010）通过实证研究高管团队异质性与企业技术创新绩效之间的关系发现，高管团队的学历、职业背景及任期的异质性越大，企业技术创新绩效则越大。肖久灵（2006）以华东地区 86 家企业作为研究对象，对高管团队组成特征与团队效能的关系进行实证研究，结果表明，企业应该充分考虑年龄、任期、教育背景等因素，保持团队组成的异质性，才能有效提高整个高管团队的工作效率、决策效率和企业利润率，从而提高高管团队效能。谢凤华等（2008）通过对民营企业的调查研究发现，高管团队成员的教育水平异质性、任期异质性对企业技术创新绩效具有积极显著影响。

因此，从高层梯队理论出发，高管团队特征异质性可以促进团队内部的沟通和交流，同时拓展高管整体认知的知识面，对企业创新会产生一定的促进效应，与企业创新也将呈现显著的正向相关关系。

（2）高管团队特征异质性对企业创新投资具有抑制作用。有学者认为，高管团队特征异质性并不会对企业创新投资起到促进作用，反而会产生明显的抑制作用。他们认为，团队的异质性将阻碍团队成员的交流、沟通和互动，削弱整个团队的凝聚力和创新能力，从而对组织结果产生不利影响。国外有些学者从社会认同理论出发，认为个体倾向于通过属性归类将自己和他人进行不同的社会归类，为了满足自己追求积极评价的需要，总是偏向与自己相似的同类并产生社会认同，即一般人们都会发生"内群体偏爱"现象，并给予正面的评价，对于其他类群体会产生排斥或歧视，社会类化过程会加深刻板印象和偏见，降低团队凝聚力并加剧冲突的发生。陈忠卫和常极（2009）的研究将团队内部成员间的冲突划分为认知冲突和情感冲突，其中，认知冲突是决策时不同意见和分歧引起的；情感冲突是与人格兼容相关而引发的冲突，是个人个性与人际关系方面的摩擦以及工作过程中的误解所引起的。认知冲突会带来集思广益的作用，使团队成员获得更多的资源和信息，但是，威廉和奥莱利（William & O'Reilly，1998）研究发现，一旦认知冲突升级为情感冲突，整个团队将浪费大量的时间和精力进行协调和沟通，对企业创新造成负面影响，团队成员异质性的劣势可能会超越或者覆盖其信息多元化方面的优势。因此，团队的异质性越高，基于社会类化理论，会加剧团队认知冲突，使认知冲突升级为情感冲突，整个团队的运行效果就越差。班特尔和杰克逊（Bantel & Jackson，1989）研究发现，年龄差距大对团队人员产生负向作用，而年龄相近的高管团队更容易产生人际吸引。团队成员的不稳定，不利于企业快速作出创新性决策。我国学者古家军和胡蓓（2008）对民营企业进行调查，研究高管团队异质性对战略决策的影响，得出以下结论：高管团队在年龄、任期、教育水平和职业背景等人口特征变量的异质性不利于团队成员之间的沟通与交流；学历和职业背景的异质性虽然可以使团队成员从不同的角度去看待问题，但是异质性越大，将造成决策的准确性越低、决策成本越高、决策速度越慢；高管任期的差异性也将对企业战略决策速度造成负向影响；高管团队成员年龄的差异则容易使成员之间产生代沟，造成沟通和交流的困难，从而影响整个团队的效能，加大决策成本，降低决策速度。斯利瓦斯塔瓦和李（Srivastava & Lee，2005）实证研究表明，当高管团队教育背景异质性增加时，会增加新产品的生产时间，对创新产生负向影响。陈忠卫和常极（2009）利用 102 份高管调查问卷进行分析，发现高管团队任期异质性会对企业绩效产生负向的显著影响。科尔（Kor，2003）研究发现，创始人作为高管团队成员，职业背景异质性越高，企业绩效越差。李华晶和张玉利（2006）以天津市科技型中小企业为研究样本，分析了我国科技型中小企业高管团队异质性与企业创新之间的关系，发现团队职业经历的异质性程度越高，企业的创新程度越低。王雪莉等（2013）研究发现，高管团队职能背景异质性不利于企业绩效的提升，尤其对短期绩效和创新绩效具有显著的负向作用。

（3）高管团队特征异质性与企业创新是非线性关系是从促进到抑制。那么，究竟高管团队特征异质性对于企业创新投资的作用是以促进效应为主，还是以抑制效应为主？本书认为，团队异质性对企业的影响是一种"双刃剑"效应，结合信息决策理论和社会类化理论，高管团队异质性对企业创新投资的影响应该存在显著的曲线关系，即随着高管团队成员特征异质性程度的变化，它对于企业创新投资力度的影响效应是一个从促进到抑制的演化过程。即高管团队异质性较低的情况下，从信息决策理论的角度出发，发现高管团队异质性的提升可以起到集思广益获取知识等信息资源，高管团队异质性所带来的收益较大，由于高管团队的异质性较小，高管团队内部成员情感、沟通冲突发生概率较低，也就是冲突和沟通的成本较低，此时高管团队异质性收益大于冲突沟通成本，高管可以进行科学合理的创新投资决策，提高企业创新投资的积极性，促进企业创新的发生。当高管团队异质性不断升高超过一定范围之后，也就是一个阈值，从团队冲突观和社会类化理论出发，高管团队成员冲突矛盾不断升级，可能会对高管团队的沟通交流形成障碍，导致高管团队可能增加沟通成本，高管团队异质性所带来的新信息和新观点的正面影响作用会有所减弱。高管团队内部成员冲突发生的频率和概率升高，这种冲突和矛盾会浪费大量的时间和资源，影响高管团队正确合理地作出创新投资决策，可能对于 NPV >0 的且潜力较大的研发项目产生投资不足，不利于企业进行创新活动。因此，当高管团队异质性比较大并且超过一定的限度的时候，异质性水平可能对企业创新投资决策产生负向作用。

由于高管团队异质性对于企业创新投资决策具有正负两个方面影响，会随异质性的变化而发生变化，因此，高管团队异质性与企业创新之间可能存在非线性的关系。例如，韩庆潇等（2015）采用面板门槛模型研究发现，高管团队年龄异质性和任期异质性与创新效率存在倒"U"型关系。

综上所述，提出以下假设。

H1c：高管团队年龄异质性、高管团队学历异质性和高管团队任期异质性与创新投资之间存在倒"U"型关系，即高管年龄、学历、任期异质性对创新投资影响存在极值，在此极值之前，高管团队年龄、学历、任期异质性对企业创新投资具有促进效应，但在此极值之后，高管团队年龄、学历、任期异质性对创新投资则产生抑制效应。

4.2　研究设计

4.2.1　样本选择与数据来源

有中国"纳斯达克"之称的创业板，于 2009 年 10 月 23 日成立，并在深圳证券交易所开板上市，每年批准一些家创业板公司上市交易募股，创业板上市的环境制度很多方面与主板公司存在较大差异。创业板企业涵盖了"两高六新"领域，"两高"指的是该类型的企业成长性高、涉及的业务领域科技含量高；而"六新"则主要是指新经济形式和业态、新服务项目和业务、新农业科技和管理领域的现代农业产业、新兴发展和性能超群的新材料领域以及节能环保的各种新能源范围与新经营管理的商业模式，例如电商模式的虚拟经济、连锁经营模式和收益分成模式等。因此，创业板成为我国创新驱动战略背景下企业创新方面的主力军，国家对于创业板的企业拉动经济创新发展寄予了厚望。

国家大力发展创业板可以积极落实建设创新型国家的战略国策，支持创新能力强的企业率先发展，不断强化企业以技术创新为主体的核心地位，为创新能力强的企业提供优质的融资环境，发挥市场竞争中"无形的手"的自动筛选淘汰机制，是国家宏观政策的最优选择。然而，创业板快速发展和成长的背后必将萌生一系列新的问题，因此，选取我国创业板的企业作为研究对象具有时代意义，处于高速发展阶段的创业板与主板企业相比大多位于企业发展生命周期的成长期阶段，而管理层了解公司财务和投资运行的全面状况，控制公司的核心资源，高管团队具有较高的创新投资意愿。本书选择 2009～2016 年创业板企业，研究过程采用面板数据，剔除 2009～2016 年研发投入和高管团队数据缺失的样本，剔除 ST 或 *ST，剔除研究区间内相关变量数据缺失的样本公司，共得到 2 755 个创业板公司的数据，其中，2009 年 55 家，2010 年 181 家，2011 年 286 家，2012 年 349 家，2013 年 371 家，2014 年 416 家，2015 年 495 家，2016 年 602 家。

本书研究与开发投入指标数据是阅读年报手工整理获得，本书高层管理团队成员包括公司的董事会、监事会及高级管理人员，高管团队背景特征相关数据根据国泰安数据库中高管简历和新浪网（http：//finance.sina.com.cn）的网站信息手工收集得到，其他数据全部来自 WIND 和 CSMAR 数据库。

4.2.2　变量定义

（1）自变量：高管团队特征计量。对于高管的界定，学术界还没有统一的标准，都是通过研究的需要加以界定。对于企业创新方面的投资决策，全体高管团队成员都具有决策的参与权，都会对创新决策产生或多或少的影响，但是高管团队成员在决策过程中起到的作用可能存在差异，成员之间通过相互沟通、探讨会增强高管认知的共识。因此，本书在汉布里克和梅森（Hambrick & Mason, 1984）的研究基础上，结合《公司法》相关规定，不区分高管职责，认为全部高管都影响企业创新决策，将所有高级管理人员都作为高管团队成员，包括董事会、监事会以及总经理、副总经理、董事会秘书和公司章程中规定的所有高级管理人员等。

结合国内外的研究，同时考虑数据的可获取性，本书选取高管团队成员人口统计学特征中的平均年龄、平均学历和平均任期，遵循一一对应的原则，在异质性指标方面选择高管团队年龄异质性、高管团队学历异质性和高管团队任期异质性。年龄、学历和任期异质性是指团队成员年龄、学历和任期的差异程度。之所以选择这些指标，是因为他们在已有研究中出现较高的频率，因而具有深厚的理论和实践研究基础。同时选择高管团队薪酬激励中的货币薪酬激励、股权激励和在职消费，反映企业对于高管团队成员的激励程度。借鉴韩庆潇等（2017）的研究，在对于年龄异质性的衡量时，将高管年龄划分为五类，分别为 20 岁以下、21～30 岁、31～40 岁、41～50 岁和 50 岁以上；教育水平划分为五类，分别是高中及以下、大专、本科、硕士和博士及以上；任期划分为五类，分别是 1 年以内、1～2 年、2～3 年、3～5 年和 5 年以上；对于上述的 3 个高管团队异质性的指标，采用 Herfindal-Hirschman 系数来进行测量，即 $H = 1 - \sum_i p_{ijt}^2$。其中，p_{ijt} 含义为 j 个企业第 t 年高管团队中第 i 类成员所占的百分比。因此，异质性指标 H 的值介于 0～1，此值越大，高管团队异质性程度越高。

第一，关于高管薪酬激励。高管职位的获得是通过股东提名，由股东大会表决任命，高管监督和控制企业日常经营管理活动来获得不同形式的薪酬。高管薪酬激励模式主要包括货币薪酬激励、股权激励和在职消费三种模式，分别用符号 Pay、Comp 和 Perk 来表示。企业实施的股权激励、货币薪酬以及在职消费都会或多或少对高管的行为产生一定的影响。针对本书涉及的高管团队成员的货币薪酬激励变量（Pay），是以所有高管团队成员货币薪酬之和的平均值的自然对数来度量。关于高管股权激励（Comp），本书认为，高管持股可以将股东和高管的利益捆绑起来，这样能够降低其他机构对于高管的经营管理行为的监督和约束成本，增强高管对企业制定科学合理战略决策行为的自主性。股权激励（Comp）用所有高管持股总数除以公司的总股数加上 1，并取自然对数来衡量 Comp。

第二，关于高管团队在职消费。李万福等（2011）利用股价和收益率的变动衡量控制权激励，忽略了企业日常运营过程中高管利用控制权获得收益的过程。而在职消费是高管控制权的一种体现形式，能够体现高管日常利用职位获取隐性收益的情况，因此，许多学者都是通过在职消费来量化控制权激励程度。陈冬华等（2010）认为，高管与职位相关的在职消费能够反映高管心理特征，在职消费是高管日常正常处理公司事务而进行的合法、必要的支出活动，高管有权在一定范围内支配相关费用来满足自身效用，在职消费能够提升高管管理企业的效用水平。在职消费具体包括办公费、差旅费和业务招待费等方面，而这部分费用在财务上大多记入管理费用，因此，本书借鉴罗进辉和万迪昉（2009）、刘新民等（2014）的研究方法，利用管理费用与年末主营业务收入之比来衡量企业高管团队的在职消费水平。

（2）因变量：企业创新投资的计量。资本包括人、物、技、信、财、知六个方面，随着企业技术创新地位不断地提升，技术资本已逐步转变成为企业的核心资本。因此，用研究与开发投入衡量企业创新投资水平，而研究与开发投入指标数据是阅读年报手工整理获得。利用企业每年的研究与开发投入与总资产的比值进行了标准化处理来衡量研发投入强度，设置变量 Rd。

（3）控制变量的计量。影响企业创新的因素很多，参照朱德胜和周晓珮（2016）、陈德球等（2016）的研究，选择资产收益率（Roa）、公司规模（Size）、资产负债率（Lev）、销售收入增长率（Growth）、自由现金流量（Fcf）、公司成立时间（Age）、独立董事比例（Indep）、董事会规模（Board）、监事会规模（Supervise）、行业（Ind）和年份（Year）作为控制变量。表 4 - 1 列示了具体的变量定义情况，Roa 为资产收益率，可以衡量公司的盈利能力。预测公司所具有的盈利能力越强，越有足够的资金进行创新活动，企业的研究与开发投入越多，因而 Roa 预期系数为正。Lev 表示资产负债率，Lev 对企业的创新投资项目应该具有负相关的影响，原因包括以下两个方面，一是作为企业的债权人为了能够到期收回本金和利息，会监督企业高管的经营管理活动，抑制高管团队进行较高风险的创新投资项目；二是企业如果承担较多负债，那么到期还款压力巨大，因而会减少相应的创新项目投入。Size 代表公司规模，利用当年资产总额的自然对数进行衡量。本书认为，公司规模越大，资金越雄厚，越能够进行创新投资。Growth 为营业收入增长率，能够衡量企业的成长性，公司具有较高的成长性，越愿意通过创新活动开拓市场来提高自身品牌的知名度，获得相关投资者的青睐，因而预测 Growth 的系数为正。公司治理水平对企业创新投资具有重大影响，因此，选择董事会规模（Board）、独立董事占全体董事的比例（Indep）和监事会规模（Supervise）三个变量来衡量公司治理情况。企业的公司治理水平越好，内部控制越完善，企业的资本运作效率越高。

表 4 - 1 　　　　　　　　　　主要变量定义

变量类型	变量符号	变量名称	变量定义
被解释变量	Rd	研发强度	研究与开发投入额/总资产
解释变量	Mage	高管团队平均年龄	高管团队的年龄之和除以高管团队总人数
	Mdegree	高管团队平均学历	高管团队学历之和除以高管团队总人数。其中，高管的学历为中专及以下取 1，大专取 2，本科取 3，硕士取 4，博士取 5
	Mten	高管团队平均任期	高管团队任期之和除以高管团队总人数。其中，高管任期为高管担任现职的时间
	Hage	高管团队年龄异质性	将高管年龄进行分类，划分为五种类型，包括 20 岁以下、21～30 岁、31～40 岁、41～50 岁和 50 岁以上，并采用 Herfindal-Hirschman 系数进行测度，即 $H = 1 - \sum p^2$
	Hdegree	高管团队学历异质性	将高管团队的教育水平划分为五种类型，分别是高中及以下、大专、本科、硕士和博士及以上，并采用 Herfindal-Hirschman 系数进行测度，即 $H = 1 - \sum p^2$
	Hten	高管团队任期异质性	高管团队成员的任期划分为五个时间段，包括 1 年以内、1～2 年、2～3 年、3～5 年和 5 年以上，并采用 Herfiandal-Hirschman 系数进行测度，即 $H = 1 - \sum p^2$
	Pay	高管团队货币薪酬	高管团队薪酬之和平均值的自然对数
	Comp	高管团队股权薪酬	Ln（高管持股总数/公司总股数 + 1）
	Perk	高管团队在职消费	管理费用/营业总收入
控制变量	Roa	资产收益率	上年净利润/总资产
	Size	公司规模	总资产的自然对数
	Lev	资产负债率	负债总额/资产总额
	Growth	销售收入增长率	（期末营业收入 - 期初营业收入）/期初营业收入
	Fcf	自由现金流量	（经营活动产生的现金流量净额 - 购买固定资产等现金流量）/总资产
	Board	董事会规模	董事会总人数
	Supervise	监事会规模	监事会总人数
	Indep	独立董事比例	独立董事人数/董事会人数
	Age	公司成立时间	公司年龄

续表

变量 类型	变量 符号	变量名称	变量定义
控制 变量	Ind	行业	根据《上市公司行业分类指引》，创业板分成 13 个行业大类，以制造业创业板为参照系，设置 12 个虚拟变量
	Year	年度	全样本以 2009 年为参照系，设置 2010 年、2011 年、2012 年、2013 年、2014 年、2015 年和 2016 年 7 个虚拟变量

为控制公司宏观经济环境对企业研发投入影响，控制行业和年份哑变量，将行业（$\sum_{j=1}^{12} \mathrm{IND}_{i,t}$）和年份（$\sum_{y=1}^{3} \mathrm{YEAR}_{i,t}$）虚拟变量加入实证模型。为消除极端值对回归结果产生的不利影响，对连续变量位于 0~1% 和 99%~100% 区间样本进行 Winsorize 处理。

4.2.3　多元回归模型设计

根据以上论述，本书借鉴朱德胜和周晓珮（2016）、李万福等（2010）、陈德球等（2016）和理查德森（Richardson，2006）的研究选取控制变量，构建式（4-1）和式（4-2），分别探讨高管团队特征及异质性对企业创新投资的影响。即：

$$
\begin{aligned}
\mathrm{Rd}_{i,t} = {} & \beta_0 + \beta_1 \mathrm{Mage}_{i,t} + \beta_2 \mathrm{Mdegree}_{i,t} + \beta_3 \mathrm{Mten}_{i,t} + \beta_4 \mathrm{Pay}_{i,t} + \beta_5 \mathrm{Comp}_{i,t} \\
& + \beta_6 \mathrm{Perk}_{i,t} + \beta_7 \mathrm{Roa}_{i,t} + \beta_8 \mathrm{Size}_{i,t} + \beta_9 \mathrm{Growth}_{i,t} + \beta_{10} \mathrm{Supervise}_{i,t} \\
& + \beta_{11} \mathrm{Board}_{i,t} + \beta_{12} \mathrm{Indep}_{i,t} + \beta_{13} \mathrm{Lev}_{i,t} + \beta_{14} \mathrm{Fcf}_{i,t} + \beta_{15} \mathrm{Age}_{i,t} \\
& + \sum \mathrm{Year} + \sum \mathrm{Ind} + \varepsilon_{i,t} \quad\quad (4-1)
\end{aligned}
$$

$$
\begin{aligned}
\mathrm{Rd}_{i,t} = {} & \beta_0 + \beta_1 \mathrm{H}_{i,t} + \beta_2 \mathrm{H}_{i,t}^2 + \beta_3 \mathrm{Roa}_{i,t} + \beta_4 \mathrm{Size}_{i,t} + \beta_5 \mathrm{Growth}_{i,t} + \beta_6 \mathrm{Supervise}_{i,t} \\
& + \beta_7 \mathrm{Board}_{i,t} + \beta_8 \mathrm{Indep}_{i,t} + \beta_9 \mathrm{Lev}_{i,t} + \beta_{10} \mathrm{Fcf}_{i,t} + \beta_{11} \mathrm{Age}_{i,t} + \sum \mathrm{Year} \\
& + \sum \mathrm{Ind} + \varepsilon_{i,t} \quad\quad (4-2)
\end{aligned}
$$

4.3　实证结果分析

4.3.1　描述性统计分析

表 4-2 列示了各变量描述性统计分析情况，数据结果显示：第一，创业板

的企业研究与开发投入占总资产比例（Rd）的均值为 0.026，其波动区间为 0 ~ 0.109，标准差为 0.020，说明我国创业板的企业研发投资力度较小，总体创新水平较低，与国外发达国家相比，差距较大，因而作为我国创新主力军的创业板公司应进一步加强研究与开发投入力度。第二，高管平均年龄为 46.808 岁，说明高管年龄基本在中年以上。而企业平均学历（Mdegree）的均值为 3.331，证明高管基本为本科学历以上。平均任期（Mten）的均值为 2.461，这是由于创业板大部分属于成长期的企业，因而企业高管任期时间普遍较短。第三，全部企业平均异质性指标中，年龄异质性（Hage）水平的均值为 0.587，学历异质性（Hdegree）水平的均值为 0.645，任期异质性（Hten）水平的均值为 0.503。以上指标比较发现，学历水平异质性最大，任期异质性水平最低，这是因为创业板的企业高管任期较短，并且任期结构相对于学历异质性和年龄异质性来说较为单一，而学历水平呈现多元化的情况。第四，全部高管货币薪酬激励均值为 13.153，最小值到最大值的波动范围为 11.815 ~ 14.612，说明货币薪酬激励水平存在一定的差距。全部高管的持股比例均值为 0.192，说明创业板高管总体上的持股比例较低，股权激励实施效果较差，其波动范围为 0 ~ 0.668，幅度较大。在职消费的均值为 0.120，说明高管在职消费水平不是特别高，标准差为 0.096，其极大值和极小值为 0.479 和 0，说明不同创业板的控制权激励中的在职消费差距较大。第五，控制变量方面可以发现，总资产收益率指标的均值为 0.074，波动范围为 -0.081 ~ 0.264，说明创业板的企业的收益率较低，没有达到预期水平，同时不同企业收益水平存在较大差异。公司规模的均值为 20.992，最小值和最大值分别为 19.399 和 23.022，标准差为 0.731，说明创业板的企业规模存在较大差异。董事会人数均值 8.117，监事会人数的均值为 3.128，独立董事比例为 0.379，基本占董事会人数的 1/3 以上，达到中国证监会在 2001 年 8 月 16 日起施行的《关于在上市公司建立独立董事制度的指导意见》中的标准，独立董事人数一般是 3 人左右，能够发挥独立董事的监督职能。资产负债率的中位数和均值分别为 0.227 和 0.255，数值均远小于 0.5，说明创业板负债融资比例较低，企业大部分资金运营形式都采用股权融资模式。营业收入增长率的均值为 0.260，中位数为 0.202，说明创业板的企业盈利能力较强，具有较强的发展能力。现金流水平均值为 -0.031，说明现金流水平较低，内源融资水平较差，企业要较多地依赖银行和投资者投资资金进行业务周转。成立年限均值为 12.865 年，说明创业板没有上市之前已经运营几年，成功上市后获得了股权融资模式的支持。

表 4 - 2　　　　　　　　　　　　主要变量的描述性统计特性

变量	Mean	Median	Std. Dev	Min	Max	Observations
Rd	0.026	0.021	0.020	0	0.109	2 755
Mage	46.808	46.867	3.102	40	53.947	2 755
Mdegree	3.331	3.353	0.384	2.353	4.118	2 755
Mten	2.461	2.500	1.218	0	5.250	2 755
Hage	0.587	0.602	0.078	0.320	0.711	2 755
Hdegree	0.645	0.657	0.081	0.377	0.782	2 755
Hten	0.503	0.561	0.301	0	0.965	2 755
Pay	13.153	13.134	0.562	11.815	14.612	2 755
Comp	0.192	0.134	0.191	0	0.668	2 755
Perk	0.120	0.110	0.096	0	0.479	2 755
Roa	0.074	0.068	0.059	−0.081	0.264	2 755
Size	20.992	20.905	0.731	19.399	23.022	2 755
Board	8.117	9	1.401	5	12	2 755
Supervise	3.128	3	0.509	2	5	2 755
Indep	0.379	0.364	0.054	0.333	0.571	2 755
Lev	0.255	0.227	0.158	0.028	0.679	2 755
Growth	0.260	0.202	0.357	−0.422	1.797	2 755
Fcf	−0.031	−0.027	0.077	−0.259	0.155	2 755
Age	12.865	12	4.192	4	24	2 755

4.3.2　相关性分析

本书初步利用 Pearson 考察了模型各变量之间的相关性关系，相关系数的分析结果如表 4 - 3 和表 4 - 4 所示。通过结果可以看出，变量之间的相关系数较小，表明回归模型中不存在多重共线性关系的问题。根据表 4 - 3 和表 4 - 4 的样本数据结果，第一，创新投资（Rd）与高管货币薪酬激励（Mpay）、股票薪酬激励（Mgt）和在职消费水平（Perk）在 1% 水平上呈现显著的正相关关系，相关系数分别为 0.172、0.081 和 0.387，初步证明了高管薪酬激励契约计划能够有效促进创业板上市公司创新投入活动的发生，这与鲁桐和党印（2014）、吴和涂（Wu & Tu，2007）研究结论相吻合。第二，创新投资（Rd）与高管团队平均年龄（Mage）在 1% 水平上显著负相关，相关系数为 −0.110，初步证明了高管团

表 4-3

变量间的相关系数分析（1）

变量	Mpay	Mgt	Perk	Mage	Mdegre	Mten	Hten	Hage	Hdegree
Mpay	1.000								
Mgt	-0.191 1*** (0.000)	1.000							
Perk	0.234*** (0.000)	-0.042** (0.029)	1.000						
Mage	0.104*** (0.000)	-0.187*** (0.000)	0.106*** (0.000 0)	1.000					
Mdegree	0.262*** (0.000)	-0.032* (0.091)	0.173*** (0.000)	-0.106*** (0.000)	1.000				
Mten	0.148*** (0.000)	-0.117*** (0.000)	0.325*** (0.000)	0.221*** (0.000)	0.026 (0.173)	1.000			
Hten	0.205*** (0.000)	-0.190*** (0.000)	0.306*** (0.000)	0.138*** (0.000)	0.116*** (0.000)	0.681*** (0.000)	1.000		
Hage	-0.014 (0.473)	-0.035* (0.063)	0.024 (0.210)	-0.209*** (0.000)	-0.048** (0.012)	-0.020 (0.286)	0.072*** (0.000 2)	1.000	
Hdegree	-0.065 3*** (0.000 6)	0.031 (0.102)	-0.082*** (0.000)	0.057*** (0.003)	-0.131*** (0.000)	-0.027 (0.165)	0.004 (0.856)	0.071*** (0.000 2)	1.000
Roa	0.117*** (0.000)	0.092*** (0.000)	-0.158*** (0.000)	-0.042** (0.026)	0.029 (0.132)	-0.178*** (0.000)	-0.239*** (0.000)	-0.081*** (0.000)	0.016 (0.412)
Indep	-0.008 (0.679)	0.092*** (0.000)	0.121*** (0.000)	-0.026 (0.180)	0.013 (0.495)	0.021 (0.282)	0.053*** (0.005)	0.040** (0.035)	-0.065*** (0.000 6)
Board	0.023 (0.220)	-0.085*** (0.000 0)	-0.132*** (0.000 0)	0.072*** (0.000 2)	0.032* (0.094)	-0.026 (0.170)	-0.045** (0.019)	-0.059*** (0.002)	0.053*** (0.005)

续表

变量	Mpay	Mgt	Perk	Mage	Mdegre	Mten	Hten	Hage	Hdegree
Supervise	-0.040 **	-0.050 ***	-0.059 ***	0.043 **	0.009	-0.049 ***	-0.042 **	-0.053 ***	-0.045 **
	(0.037)	(0.009)	(0.002)	(0.026)	(0.630)	(0.010)	(0.029)	(0.006)	(0.018)
Size	0.342 ***	-0.192 ***	-0.020	0.117 ***	0.146 ***	0.312 ***	0.370 ***	0.095 ***	0.007
	(0.000)	(0.000)	(0.300)	(0.000)	(0.000)	(0.000)	(0.000)	(0.000)	(0.727)
Lev	0.087 ***	-0.113 ***	-0.058 ***	0.030	-0.0231	0.118 ***	0.169 ***	0.061 ***	0.049 *
	(0.000)	(0.000)	(0.002)	(0.122)	(0.225)	(0.000)	(0.000)	(0.001)	(0.011)
Growth	0.070 ***	0.005	-0.184 ***	-0.122 ***	0.083 ***	0.009	0.048 **	0.018	-0.012
	(0.000 2)	(0.787)	(0.000)	(0.000)	(0.000)	(0.636)	(0.011)	(0.347)	(0.531)
Rd	0.172 ***	0.081 ***	0.387 ***	-0.110 ***	0.267 ***	0.015	-0.043 **	-0.029	-0.160 ***
	(0.000)	(0.000)	(0.000)	(0.000)	(0.000)	(0.437)	(0.025)	(0.127)	(0.000)
Age	0.132 ***	-0.054 ***	0.186 ***	0.235 ***	-0.013	0.250 ***	0.218 ***	0.023	0.006
	(0.000)	(0.005)	(0.000)	(0.000)	(0.492)	(0.000)	(0.000)	(0.224)	(0.769)
Fcf	0.140 ***	-0.002	0.076 ***	0.060 ***	0.015	0.021	-0.003	-0.024	-0.019
	(0.000)	(0.906)	(0.0001)	(0.002)	(0.420)	(0.275)	(0.868)	(0.203)	(0.309)

注：括号内为 t 值；***，** 和 * 分别表示在 1%、5% 和 10% 水平上显著。

表 4 - 4

变量间的相关系数分析（2）

变量	Roa	Indep	Board	Supervise	Size	Lev	Growth	Rd	Age	Fcf
Roa	1.000									
Indep	-0.007 (0.727)	1.000								
Board	0.037 (0.050)	-0.666*** (0.0000)	1.000							
Supervise	-0.054*** (0.005)	-0.127*** (0.000)	0.163*** (0.0000)	1.000						
Size	-0.062*** (0.001)	-0.058*** (0.002)	0.105*** (0.000)	0.010 (0.609)	1.000					
Lev	-0.092*** (0.000)	-0.003 (0.874)	0.003 (0.857)	0.020 (0.298)	0.383*** (0.0000)	1.000				
Growth	0.176*** (0.000)	-0.034 (0.077)	0.030 (0.108)	-0.045** (0.017)	0.257*** (0.000)	0.209*** (0.000)	1.000			
Rd	0.129*** (0.000)	0.063*** (0.0009)	-0.034 (0.072)	0.014 (0.464)	-0.200*** (0.000)	-0.078*** (0.0000)	-0.012 (0.542)	1.000		
Age	-0.031 (0.100)	0.013 (0.483)	0.032 (0.098)	0.054*** (0.005)	0.161*** (0.000)	0.137*** (0.000)	-0.044** (0.022)	0.024 (0.203)	1.000	
Fcf	0.272*** (0.000)	0.023 (0.230)	-0.023 (0.224)	-0.028 (0.139)	-0.041** (0.033)	-0.166*** (0.000)	-0.073*** (0.0001)	0.073*** (0.0001)	0.076*** (0.0001)	1.000

注：括号内为 t 值；***、** 和 * 分别表示在 1%、5% 和 10% 水平上显著。

队成员平均年龄越小，创新投资水平越高。创新投资（Rd）与高管团队平均学历（Mdegree）在 1% 水平上显著正相关，相关系数为 0.267，初步证明了高管团队成员学历水平越高，越容易进行创新项目的投资。高管团队成员任期（Mten）与创新投资（Rd）不相关。第三，企业创新投资（Rd）与高管团队成员学历异质性（Hdegree）和任期异质性（Hten）分别呈现 1% 和 5% 水平上的显著负相关，相关系数分别为 -0.160 和 -0.043，初步证明了社会类化理论所导致的高管团队成员异质性所带来的矛盾冲突大于异质性所带的信息多元化的收益。

其他变量方面，资产收益率（Roa）与企业创新投资（Rd）之间的相关系数为 0.129，在 1% 水平上呈现显著的正相关。初步证明了公司的盈利能力越强，越具有充足的资金实施创新活动。资产负债率（Lev）与企业创新投资（Rd）之间的相关系数为 -0.078，在 1% 水平上呈现显著的负相关。原因可能有两个方面：一是资产负债率越高，说明债权融资比率越高，债权人为了能够收回本金和利息，监督高管行为，避免投资于风险性较高的创新投资项目。二是当企业承担较多负债的情况下，由于还款压力巨大，会抑制高管团队对于创新项目的投资力度。独立董事占全体董事的比例（Indep）与企业创新投资（Rd）之间的相关系数为 0.063，并在 1% 水平上显著，说明独立董事能够很好地起到对公司运营的监督作用，比例越高，企业的资本运作效率越高，创新投入水平越高。

4.3.3　多元回归分析

（1）高管团队人口特征对企业创新投资线性影响的回归结果分析。本部分利用式（4-1）对高管团队特征、高管薪酬激励与企业创新投资决策的影响进行实证分析，结果如表 4-5 所示。

表 4-5　高管团队人口特征及薪酬激励水平对企业创新投资的影响回归分析

变量	全样本 Rd (1)	全样本 Rd (2)	全样本 Rd (3)	全样本 Rd (4)	全样本 Rd (5)	全样本 Rd (6)
_ cons	0.102 *** (7.35)	0.063 *** (4.93)	0.089 *** (6.62)	0.030 ** (2.19)	0.083 *** (6.25)	0.059 *** (4.79)
Mage	-0.000 4 *** (-3.77)					
Mdegree		0.013 *** (15.11)				

续表

变量	全样本 Rd (1)	全样本 Rd (2)	全样本 Rd (3)	全样本 Rd (4)	全样本 Rd (5)	全样本 Rd (6)
Mten			0.000 5 (1.38)			
Pay				0.008 *** (12.53)		
Comp					0.004 * (1.67)	
Perk						0.096 *** (21.02)
Roa	0.031 *** (4.77)	0.031 *** (4.94)	0.034 *** (5.02)	0.019 *** (2.95)	0.031 *** (4.68)	0.069 *** (10.91)
Size	− 0.005 *** (− 8.80)	− 0.006 *** (− 11.39)	− 0.005 *** (− 8.90)	− 0.007 *** (− 12.74)	− 0.005 *** (− 8.59)	− 0.004 *** (− 7.20)
Lev	− 0.001 (− 0.60)	0.003 (1.07)	− 0.0005 (− 0.19)	0.001 (0.49)	− 0.000 8 (− 0.32)	0.010 *** (4.43)
Indep	0.017 * (2.03)	0.011 (1.37)	0.015 * (1.91)	0.013 * (1.65)	0.015 ** (1.81)	0.010 (1.26)
Board	0.000 7 * (2.04)	0.000 3 (1.10)	0.000 5 * (1.67)	0.000 3 (0.91)	0.000 6 * (1.70)	0.000 5 (1.61)
Supervise	0.002 *** (3.25)	0.002 *** (2.90)	0.002 *** (3.14)	0.002 *** (3.11)	0.002 *** (3.18)	0.002 *** (2.84)
Growth	− 0.000 1 (− 0.13)	− 0.000 3 (− 0.28)	0.000 1 (0.12)	0.000 6 (0.57)	0.000 1 (0.14)	0.002 * (1.91)
Fcf	− 0.002 (− 0.34)	− 0.000 5 (− 0.11)	− 0.002 (− 0.38)	− 0.003 (− 0.64)	− 0.001 (− 0.29)	− 0.003 (− 0.63)
Age	0.000 008 (0.09)	0.000 01 (0.14)	− 0.000 05 (− 0.51)	− 0.000 04 (− 0.43)	− 0.000 03 (− 0.39)	0.000 02 (0.29)
行业	控制	控制	控制	控制	控制	控制
年度	控制	控制	控制	控制	控制	控制
观测样本	2 755	2 755	2 755	2 755	2 755	2 755
Adj-R^2	0.243	0.300	0.239	0.280	0.240	0.345
F	30.41 ***	39.89 ***	29.86 ***	36.72 ***	29.90 ***	49.35 ***

注：括号内为 t 值；*** 、** 和 * 分别表示在 1% 、5% 和 10% 水平上显著。

从表 4 - 5 汇报的总体样本回归结果发现：第（1）列高管团队平均年龄（Mage）的回归系数为 − 0.000 4，在 1% 显著水平上与 Rd 负相关，说明高管平均年龄越小越具有创新投资意识。一方面，以上研究与泰勒（Taylor，1975）、汉布里克和梅森（Hambrick & Mason，1984）、德乔和斯隆（Dechow & Sloan，1991）等学者的观点相同，随着高管年龄的增长，他们会更加保守、更加推崇过

去成功的经验，趋向于选择规避风险的战略措施，导致研究与开发投资不足现象
发生。另一方面，在外部环境动荡变化、市场竞争日趋激烈的发展进程中，年轻
的高管更加具有冒险精神，能够抢占战略布局的先机。年轻的高管更有意愿展示
自己的才能，工作初期阶段希望规划自己的职业生涯，并在职业生涯进程中不断
提升自己，实现职业理想，因此，也更愿意投资于收益较高的创新项目。第
（2）列高管团队平均学历（Mdegree）的回归系数为0.013，在1%显著水平上与
Rd正相关，说明高管平均学历越高，越容易开展实施创新活动。学历教育扩展
和深化个人的认知、学识、经验等方面的专业化知识，具有受教育经历较多的高
学历高管，其拥有较高的信息处理能力，信息传递功能，表现在更加能够发现研
究与开发项目投资带来的收益，对研究与开发投资持有积极乐观的态度，更愿意
实施创新项目，而低学历的高管团队组合可能会发生短视的现象。这与许多学者
研究的结论相一致。李长娥和谢永珍（2016）通过实证研究发现，董事会成员学
历越高，越易于利用自身拥有的专业文化知识作出高水平的创新投资决策，帮助
企业实现创造性的突破，实现企业价值最大化目标。袁汀（2015）研究发现，董
事会成员平均学历水平越高或者高学历人员占比数量越高越能够产生正向促进企
业绩效的作用。刘柏和郭书妍（2017）研究发现，董事会成员平均学历水平能够
提升公司绩效水平。我国创业板上市公司大多为高科技型企业，研发创新是企业
的核心和根本，因此，应不断选拔高学历人才补充提高团队人员的信息资源和创
新意识，为微观企业实施创新战略提供人力资源保障。第（3）列高管团队成员
平均任期（Mten）的系数为0.0005，并且不显著。这说明，高管团队成员平均
任期与企业创新投入之间不存在显著的相关关系。即高管团队平均任期对创新投
资正向作用不显著。一方面，高管团队成员随任期的增长，积极在企业外部建立
与其他企业、个人和政府的社会网络，同时在任职初期积极学习企业管理的各方
面知识，与高管团队其他成员相互沟通和磨合。高管任期越长高管团队与外部环
境以及内部成员之间沟通协调越好，此时任期与企业创新投资呈现正向的促进作
用。另一方面，随着任期的增长，高管惰性增强，并墨守成规，仅仅依靠已有的
成功模型，无法适应外部环境激烈的变动，不利于企业创新战略的进一步实施，
因而与创新投资形成负向的抑制作用。本书研究发现，任期与创新投资决策之间
的关系不显著的原因可能有：一是随着高管任期的增长，其正向作用和负向作用
相互抵消，对创新投资正向作用不明显；二是创业板上市公司的高管任期普遍较

短，对于创新投资的促进作用还没有显现出来。通过以上分析，假设 H1a 部分得到验证。

（2）高管团队薪酬激励对企业创新投资线性影响的回归结果分析。从表 4-5 第（4）、第（5）列和第（6）列汇报的回归结果发现：第（4）列高管薪酬激励中显性的货币薪酬激励（Pay）的系数为 0.008，在 1% 的显著性水平上为正。一方面，较高的薪酬待遇能够吸引素质较高的管理人员，拥有高学历和高素质的高管能够识别企业内外部环境，并作出增强企业核心竞争力的创新行为。另一方面，创新项目具有高风险、高收益，创新项目的成功能够提升企业绩效，高管货币薪酬一般会以企业绩效为考核指标，这样就会提高高管薪酬，满足高管心理预期，当货币薪酬激励满足高管心理预期时，货币薪酬激励就会起到良好的激励效果。第（5）列高管薪酬激励模式中的股权激励（Comp）的系数为 0.004，在 10% 水平上显著为正。增加高管持股可以增强高管的主人翁意识，在制定创新战略时能够更多地考虑企业长远发展目标，降低代理成本。由于 Comp 的回归系数较小，同时 10% 的显著性水平较低，可能原因在于我国高管股权激励与国外发达国家相比，起步时间较晚，高管的持股水平普遍偏低，股权激励实施效果不明显，有待进一步加强，尤其是创业板上市公司应加强高管的持股数量。第（6）列在职消费（Perk）与企业创新投资显著正相关，系数为 0.096，在 1% 的水平上显著，说明高管在职消费能够有效地促进公司创新活动有效实施。在职消费是一种解决代理问题的手段，赋予了高管一种特殊的权力，高管为了保住现有职位而获得特定权力，会努力工作，拥有足够的热情和动力推进企业技术创新的开展，抑制企业在创新过程中产生的机会主义行为。至此假设 H1b 得到验证成立。

（3）高管团队异质性对企业创新投资的非线性影响的回归结果分析。本部分利用式（4-2）对高管团队特征异质性与企业创新投资决策的影响进行实证分析，结果如表 4-6 所示。

表 4-6　　　　高管团队异质性对企业创新投资的影响回归分析

变量	全样本 Rd（1）	全样本 Rd（2）	全样本 Rd（3）	全样本 Rd（4）	全样本 Rd（5）	全样本 Rd（6）
_ cons	0.091 ***（6.52）	0.060 ***（3.57）	0.113 ***（7.96）	0.082 ***（4.66）	0.090 ***（6.37）	0.097 ***（7.69）
Hage	0.000 01（0.00）	0.139 ***（3.36）				

续表

变量	全样本 Rd（1）	全样本 Rd（2）	全样本 Rd（3）	全样本 Rd（4）	全样本 Rd（5）	全样本 Rd（6）
$Hage^2$		−0.128 *** （−3.38）				
$Hdegree$			−0.027 *** （−6.53）	0.092 ** （2.18）		
$Hdegree^2$				−0.098 *** （−2.84）		
$Hten$					−0.000 5 （−0.37）	−0.004 （−0.99）
$Hten^2$						0.004 （0.93）
Roa	0.031 *** （4.64）	0.031 *** （4.74）	0.031 *** （4.75）	0.032 *** （4.94）	0.030 *** （4.32）	0.030 *** （4.42）
Size	−0.005 *** （−8.74）	−0.005 *** （−8.74）	−0.005 *** （−9.07）	−0.005 *** （−9.11）	−0.005 *** （−8.36）	−0.005 *** （−8.36）
Lev	−0.001 （−0.49）	−0.000 8 （−0.31）	−0.000 5 （−0.22）	−0.000 4 （−0.16）	−0.001 （−0.53）	−0.001 （−0.43）
Indep	−0.015 * （1.87）	0.015 * （1.78）	0.013 （1.63）	0.014 * （1.73）	0.015 * （1.88）	0.016 * （1.93）
Board	0.000 5 （1.63）	0.000 5 （1.56）	0.000 6 * （1.79）	0.000 6 * （1.91）	0.000 5 （1.63）	0.000 5 * （1.66）
Supervise	0.002 *** （3.03）	0.002 *** （3.24）	0.002 *** （2.73）	0.002 *** （2.65）	0.002 *** （3.03）	0.002 *** （3.10）
Growth	0.000 1 （0.15）	0.000 2 （0.21）	0.000 09 （0.09）	0.000 1 （0.10）	0.000 2 （0.18）	0.000 3 （0.26）
Fcf	−0.002 （−0.38）	−0.002 （−0.34）	−0.002 （−0.41）	−0.002 （−0.36）	−0.002 （−0.36）	−0.002 （−0.34）
Age	−0.000 03 （−0.39）	−0.000 02 （−0.26）	−0.000 04 （−0.49）	−0.000 05 （−0.59）	−0.000 03 （−0.37）	−0.000 03 （−0.35）
行业	控制	控制	控制	控制	控制	控制
年度	控制	控制	控制	控制	控制	控制
观测样本	2 755	2 755	2 755	2 755	2 755	2 755
Adj-R^2	0.239	0.242	0.251	0.252	0.239	0.239
F	28.88 ***	29.90 ***	30.70 ***	30.95 ***	28.88 ***	28.85 ***

注：括号内为 t 值；***、** 和 * 分别表示在 1%、5% 和 10% 水平上显著。

表 4–6 第（1）、第（3）列和第（5）列是没有加入高管团队异质性指标二次项的回归结果，而第（2）、第（4）列和第（6）列是加入高管团队成员异质性的一次项与二次项后的回归结果，发现第（1）和第（3）列的调整 R^2 分别小于第（2）和第（4）列的调整 R^2（0.242 > 0.239；0.252 > 0.251），说明高管团队年龄异质性和学历异质性加入二次项后，使模型更加具有解释力。由此说明创

业板的企业高管团队成员年龄异质性和学历异质性与企业创新投资呈现显著倒
"U"型的非线性关系，不同异质性类型，两者之间的非线性关系存在较大差异。
高管团队成员异质性与创新投资回归表4-6中的第（2）列的回归结果显示：年
龄异质性（Hage）一次项系数为0.139，在1%的水平上显著为正，而二次项为
-0.128，在1%的水平上显著为负。这表明，当高管团队年龄异质性程度较小
时，年龄异质性对创新投入产生了显著的正向影响，而当高管团队年龄异质性程
度较大时，年龄异质性对创新投入产生了显著的负向作用。这说明在创业板上市
公司中，高管团队的年龄异质性程度不是越大越好。当年龄异质性较小时，基于
信息决策理论可以发现随着年龄异质性的增加能够促使不同年龄段的高管成员之
间通过互相交流产生新思想，集思广益，并在交流的过程中获取更多的资源和信
息，提高决策的正确性，从而提高了符合企业长远发展目标的创新项目的投入力
度；而当高管团队年龄异质性过大，超过一定范围时，根据社会类化理论这种差
异会引起频繁、激烈的团队内部的矛盾冲突，其中的一些矛盾冲突可能会演变成
为情感冲突，资源发生内耗现象，会对企业创新投入产生负面影响。表4-6中
第（4）列的回归结果显示：高管团队学历异质性（Hdegree）一次项系数为
0.092，在5%的水平上显著为正，而二次项的系数为-0.098，在1%的水平上
显著为负。同时第（4）列的Adj-R^{2}为0.252，F值为30.95，在1%水平上显著，
说明回归模型整体的有效性。这表明，高管团队学历水平异质性（Hdegree）与
企业创新投入之间确实存在倒"U"型关系。当高管团队学历水平异质性程度较
小时，高管团队学历异质性对创新投入产生了显著的正向影响，在创业板上市公
司不同学历水平组成的高管团队中，可以将高学历者的理论优势和低学历者的经
验优势很好地结合在一起，从多方面出发分析解决问题，改善决策质量，提升企
业创新投入力度。但随着高管团队成员中学历异质性程度不断提升，不同学历高
管之间由于理论知识和认知的差异，根据社会类化理论，高管对问题的看法产生
矛盾和冲突，冲突矛盾不断上升，转化为情感冲突，冲突矛盾难以协调，其负面
影响已经抵消异质性所带来的正面效应。此时，高管团队学历异质性的增加会对
创新投入产生负面效应。表4-6中第（5）列任期异质性（Hten）的回归结果
不显著，而第（6）列的回归结果显示：高管团队任期异质性特征的一次项和二
次项系数都不显著。可能由于我国创业板上市公司是新兴的企业，一般高管的任
期较短，任期异质性水平较低，因而任期异质性方面的影响还没有显现出来。综

合以上分析，假设 H1c 部分得到证实。

4.3.4 高管团队特征及异质性的调节作用的回归结果分析

通过进一步回归分析观测，高管团队特征、异质性及高管薪酬激励对企业创新投资存在不同的影响。为检验高管团队特征及异质性之间是否存在互补或替代效应，本书在回归模型中引入高管团队平均年龄和年龄异质性交互项（Mage × Hage）、高管团队平均学历和学历异质性交互项（Mdegree × Hdegree）、高管团队平均学历和平均任期交互项（Mdegree × Mten）。同时为了检验高管团队不同薪酬激励模式是否存在互补或者是替代关系，本书在回归模型中引入高管团队货币薪酬激励和股权激励的交互项（Pay × Comp）、高管团队货币薪酬和在职消费交互项（Pay × Perk）、高管团队股权薪酬与在职消费的交互项（Comp × Perk）。为了检验高管团队人口统计学特征与薪酬激励是否存在互补或替代效应。模型中引入高管团队人口统计学特征变量和薪酬激励的交互项 Mage × Comp、Mdegree × Comp、Mten × Comp、Mdegree × Pay 和 Mdegree × Perk。再一次进行回归分析，如表4-7所示。从结果中可以看出，一是表4-7中第（1）列高管团队平均年龄（Mage）的回归系数为 -0.003，在1%水平上显著，高管团队平均年龄和年龄异质性交互项（Mage × Hage）的系数为0.005，在1%水平上显著为正。这显示，高管团队平均年龄越小，创新投入强度越大的结论进一步得到证实；同时高管团队年龄异质性越高，高管平均年龄与创新负向关系越弱，反之越强。也就是说，企业高管年龄差异越大，阻碍了高管平均年龄越小对企业创新投资的积极促进作用。根据社会类化理论，个体通过社会分类，倾向于认同自己的群体，同时排斥其他群体。随着高管团队年龄异质性的增加，外群体排斥现象的发生，降低了团队成员的凝聚力，不同年龄层次差异较大，产生冲突和矛盾，影响年轻高管创新的积极动力。也就是高管团队成员年龄异质性抑制了年轻高管团队对创新投入的促进作用。二是表4-7中第（2）列高管团队平均学历（Mdegree）的回归系数为0.058，在1%水平上显著，而高管团队平均学历和学历异质性交互项（Mdegree × Hdegree）的系数为 -0.070，在1%水平上显著为正。这显示，高管团队平均学历水平越高，企业的创新投入水平越高的结论进一步得到了证实；同时高管团队学历异质性越高，高管平均学历与创新投入正向关系越弱，反之越强。也就是说，高水平的高管团队学历异质性降低了高管团队平均学历对企业创新投入的积极促进作用。也是依据社会类化理论，随着高管团队学历异质性的增加，群体产生了不同学历层次成员之间的外群体偏见的负向影响现象凸显，不同学历的高管认知和意识存在较大的差异，引发组织内部沟通不畅，组织效率低下，导致高管团队内部矛盾冲突。当然学历异质性会使团队拥有更多的资源和信息，学历异质性有利于组织成员更加充分地发挥各自专长，扩大企业战略决策的选择范围，提高方案执行的丰富性。但是学历异质性会导致矛盾冲突升级，最终引起决策方案无法真正实施下去的情况发生时，异质性的负向作用可能会大于正向作用。此时高管团队学历异质性对高管团队平均学历与创新投入的正向关系起到了负向调节作用。三是表4-7中第（3）列高管团队平均学历（Mdegree）的回归系数为0.010，在1%的水平上显著，而高管团队平均学历和平均任期的交互项（Mdegree×Mten）的回归系数为0.002，在1%的水平上显著。这说明高管团队成员平均任期越长，高管团队平均学历水平与企业创新投入的正向关系越强，反之越弱。也就是高管团队成员平均任期越长，促进了高管学历水平对企业创新投入的积极效应。说明教育程度可以使高管拥有更多专业知识和技能，为企业战略决策提供更加专业化的建议，作出更加科学合理的政策建议。同时当高学历的高管在组织当中又具有较长的任期时，高管之间彼此磨合时间更长，关系相处融洽和谐，企业内部形成较好的沟通渠道，而且，任期较长的高管还可以在企业外部的行业内建立更好的社会网络。因此，拥有高学历的高管在任期较长的情况下，在进行战略决策时，成员不但拥有丰富的信息资源，而且彼此之间能够相互借鉴和商讨，最终作出最佳战略投资方案，促进企业创新投资。管理层学历水平越高，任期越长，董事会越容易信任他们，因而管理层权力越大，对企业的投资行为也会产生影响，因此，高管团队成员任期的增加将提升高管团队成员学历对创新投资的促进效应。四是表4-7中第（4）、第（5）列和第（6）列引入薪酬激励的三个交互项 Pay×Comp、Pay×Perk 和 Comp×Perk，发现三个交互项的回归系数分别是0.018、0.321和0.046，显著性水平分别为1%、1%和5%。第（4）列 Pay 的回归系数为0.005，在1%水平上显著，第（5）列 Pay 的回归系数为0.002，在5%水平上显著，第（6）列 Perk 的回归系数为0.089，在1%水平上显著。说明高管薪酬激励两两之间存在互补关系，说明其中一种薪酬激励随着另一种薪酬激励水平的增加呈现边际递增趋势，共同提升创业板企业的创新投资水平，也就是说创业板企业货币薪酬激励、股权激励和在职消费之间在提升企业技术创新水平上存在着互相促进的作用，并且这种作用比较稳定显著。高管的显性和隐性薪酬能够共同促进企业技术创新的投资力度。所以企业在制定薪酬激励时，应分别根据企业具体情况采取三种薪酬激励共存的模式。五是表 4 - 7 中第（7）列的高管团队平均年龄（Mage）的回归系数为 - 0.0002，而高管团队平均年龄和股权激励水平的交互项（Mage × Comp）的回归系数为 - 0.001，在 5% 水平上显著。这说明高股权激励水平正向调节高管团队平均年龄对创新投入的负向作用。也就是说，高管团队平均持股水平越高，高管团队平均年龄越小对创新投入的促进作用越大，高管持股正向促进了年轻高管的创新投资力度。表 4 - 7 中第（8）列高管团队平均学历（Mdegree）的回归系数为 0.011，在 1% 水平上显著，而高管团队平均学历和股权激励水平的交互项（Mdegree × Comp）的回归系数为 0.011，在 5% 水平上显著。这说明股权激励水平正向调节高管团队平均学历对创新投入的促进作用。也就是说，高管团队平均持股水平越高，高管团队平均学历越高对创新投入的促进作用越大。表 4 - 7 中第（9）列高管团队平均任期和股权激励水平的交互项（Mten × Comp）的回归系数为 0.004，在 5% 水平上显著。这说明股权激励水平正向调节高管团队平均任期对创新投入的促进作用。也就是说，高管团队平均持股水平越高，高管团队平均任期对创新投入的促进作用越大。表 4 - 7 中第（10）列高管团队平均学历和货币薪酬激励的交互项（Mdegree × Pay）的回归系数为 0.005，在 1% 水平上显著。这说明货币薪酬激励正向调节高管团队平均学历对创新投入的促进作用。也就是说，高管团队平均货币薪酬水平越高，越能够激励具有高学历高管团队对于创新投资的促进作用。表 4 - 7 中第（11）列高管平均学历（Mdegree）的回归系数为 0.002，在 5% 水平上显著，而高管团队平均学历和在职消费水平的交互项（Mdegree × Perk）的回归系数为 0.071，在 1% 水平上显著。这说明在职消费正向调节高管团队平均学历对创新投入的促进作用。也就是说，高管团队在职消费水平越高，越能够促进高学历的高管团队对于创新投资的促进作用。

为进一步检验高管团队薪酬激励与高管团队特征异质性之间是否存在互补或替代效应，本书在回归模型中引入薪酬特征与异质性特征变量的交互项 Pay × Hdegree、Comp × Hdegree、Perk × Hage、Perk × Hdegree、Perk × Hten，如表 4 - 8 所示。

表4-7　高管团队人口统计学特征、异质性和薪酬激励交互影响检验

变量	Rd (1)	Rd (2)	Rd (3)	Rd (4)	Rd (5)	Rd (6)	Rd (7)	Rd (8)	Rd (9)	Rd (10)	Rd (11)
-cons	0.244*** (6.25)	-0.046* (-1.81)	0.098*** (7.21)	0.057*** (3.74)	0.059*** (3.79)	0.055*** (4.66)	0.103*** (7.17)	0.083*** (6.69)	0.099*** (7.84)	0.209*** (3.30)	0.078*** (6.56)
Mage	-0.003*** (-3.97)						-0.000 2 (-1.27)				
Mdegree		0.058*** (8.21)	0.010*** (5.15)					0.011*** (9.10)			0.002** (1.99)
Mten			-0.004* (-1.89)						-0.000 09 (-0.20)		
Hage	-0.228*** (-3.48)				-0.336*** (-4.04)						
Hdegree		0.206*** (5.80)				0.089*** (15.75)					
Pay				0.005*** (5.65)	0.002** (2.16)					-0.008 (-1.63)	
Comp				-0.222*** (-4.20)		-0.002 (-0.65)	0.065** (2.08)	-0.031* (-1.76)	-0.005 (-0.96)		
Perk											-0.160*** (-5.13)
Mage × Hage	0.005*** (3.43)										
Mdegree × Hdegree		-0.070*** (-6.47)									

续表

变量	Rd (1)	Rd (2)	Rd (3)	Rd (4)	Rd (5)	Rd (6)	Rd (7)	Rd (8)	Rd (9)	Rd (10)	Rd (11)
Mdegree × Mten			0.002** (2.20)								
Pay × Comp				0.018*** (4.35)							
Pay × Perk					0.321*** (5.13)						
Comp × Perk						0.046** (2.29)					
Mage × Comp							-0.001** (-2.01)				
Mdegree × Comp								0.011** (2.04)			
Mten × Comp									0.004** (1.97)		
Mdegree × Pay										0.005*** (2.79)	
Mdegree × Perk											0.071*** (7.96)
Roa	0.031*** (4.80)	0.033*** (5.24)	0.033*** (5.18)	0.022*** (3.41)	0.059*** (9.32)	0.067*** (10.63)	0.031*** (4.66)	0.029*** (4.68)	0.034*** (4.98)	0.025*** (3.97)	0.062*** (10.16)
Size	-0.005*** (-8.56)	-0.006*** (-12.00)	-0.006*** (-11.62)	-0.006*** (-11.32)	-0.005*** (-9.77)	-0.004*** (-7.04)	-0.005*** (-8.62)	-0.006*** (-11.05)	-0.005*** (-8.68)	-0.007*** (-13.36)	-0.005*** (-9.95)

续表

变量	Rd (1)	Rd (2)	Rd (3)	Rd (4)	Rd (5)	Rd (6)	Rd (7)	Rd (8)	Rd (9)	Rd (10)	Rd (11)
Lev	-0.001 (-0.59)	0.004 (1.54)	0.003 (1.30)	0.000 8 (0.34)	0.011*** (4.71)	0.010*** (4.51)	-0.001 (-0.54)	0.003 (1.19)	-0.000 5 (-0.20)	0.003 (1.46)	0.011*** (4.92)
Indep	0.016** (2.00)	0.007 (0.91)	0.011 (1.38)	0.016* (2.01)	0.011 (1.43)	0.009 (1.22)	0.015* (1.88)	0.010 (1.25)	0.015* (1.79)	0.012 (1.56)	0.008 (1.13)
Board	0.000 7** (2.00)	0.000 4 (1.32)	0.000 4 (1.15)	0.000 5 (1.58)	0.000 5 (1.61)	0.000 5 (1.64)	0.000 7** (2.06)	0.000 3 (1.09)	0.000 5* (1.68)	0.000 4 (1.14)	0.000 4 (1.47)
Supervise	0.002*** (3.42)	0.002** (2.44)	0.002*** (2.98)	0.002*** (3.58)	0.002*** (2.98)	0.002*** (2.90)	0.002*** (3.28)	0.002*** (3.14)	0.002*** (3.17)	0.002*** (3.13)	0.002*** (2.86)
Growth	-0.000 2 (-0.23)	-0.000 06 (-0.06)	-0.000 3 (-0.32)	0.000 2 (0.22)	0.002** (2.09)	0.002* (1.89)	-0.000 1 (-0.12)	-0.000 3 (-0.35)	0.000 08 (0.08)	-0.000 006 (-0.01)	0.001 (1.50)
Fcf	-0.001 (-0.31)	-0.001 (-0.26)	-0.000 4 (-0.10)	-0.005 (-1.04)	-0.005 (-1.05)	-0.002 (-0.53)	-0.001 (-0.28)	-0.000 2 (-0.04)	-0.002 (-0.37)	-0.003 (-0.66)	-0.000 5 (-0.13)
Age	0.000 01 (0.13)	0.000 02 (0.25)	-0.000 006 (-0.08)	-0.000 02 (-0.25)	0.000 03 (0.34)	0.000 02 (0.26)	0.000 01 (0.15)	0.000 01 (0.13)	-0.000 05 (-0.55)	0.000 02 (0.29)	0.000 04 (0.52)
行业	控制	控制	控制	控制	控制	控制	控制	控制	控制	控制	控制
年度	控制	控制	控制	控制	控制	控制	控制	控制	控制	控制	控制
观测样本	2 755	2 755	2 755	2 755	2 755	2 755	2 755	2 755	2 755	2 755	2 755
Adj-R²	0.246	0.315	0.300	0.280	0.369	0.347	0.244	0.299	0.241	0.317	0.392
F	29.02***	40.63***	37.75***	34.40***	51.32***	46.62***	28.71***	37.78***	28.26***	40.91***	56.43***

注：括号内为 t 值；***，** 和 * 分别表示在 1%、5% 和 10% 水平上显著。

表 4 - 8　　　高管薪酬激励、高管团队异质性对创新投入影响的回归分析结果

变量	Rd (1)	Rd (2)	Rd (3)	Rd (4)	Rd (5)
_ cons	-0.217*** (-3.55)	0.106*** (8.12)	0.051*** (4.18)	0.061*** (4.93)	0.048*** (4.05)
Pay	0.028*** (6.07)				
Comp		0.054*** (3.23)			
Perk			0.144*** (5.74)	0.186*** (7.37)	0.128*** (14.44)
Hage			0.008 (1.26)		
Hdegree	0.391*** (4.27)	-0.015** (-2.39)		-0.004 (-0.59)	
Hten					0.007*** (3.29)
Pay × Hdegree	-0.032*** (-4.55)				
Comp × Hdegree		-0.076*** (-2.98)			
Perk × Hage			-0.079* (-1.93)		
Perk × Hdegree				-0.147*** (-3.70)	
Perk × Hten					-0.056*** (-4.20)
控制变量	控制	控制	控制	控制	控制
行业、年度	控制	控制	控制	控制	控制
观测样本	2 755	2 755	2 755	2 755	2 755
Adj-R²	0.287	0.253	0.345	0.355	0.349
F	35.62***	30.19***	46.41***	48.33***	47.08***

注：括号内为 t 值；***、** 和 * 分别表示在1%、5%和10%水平上显著。

从表 4 - 8 中第（1）～第（5）列的回归结果可以发现，第（1）列 Pay 的回归系数为 0.028 并在 1% 水平上显著，同时 Pay × Hdegree 的回归系数为 -0.032 并在 1% 水平上显著，这说明高管团队货币薪酬激励正向促进企业创新投入，支持 H1b 的假设，并且高管团队学历异质性负向调节高管团队货币薪酬激励对创新投

入的正向促进作用。也就是说，高管团队成员的学历水平异质性程度越高，团队之间对于创新投入决策的矛盾分歧越大，高管团队成员难以形成有效的沟通渠道，削弱了高管团队货币薪酬激励水平对于企业创新投入的激励作用。表 4 - 8 中第（2）列 Comp 的回归系数为 0.054 并在 1% 水平上显著，同时 Comp × Hdegree 的回归系数为 - 0.076 并在 1% 水平上显著。这说明高管团队股权激励水平正向促进企业创新投入水平，支持 H1b 的假设。高管团队学历异质性负向调节股权激励对创新投入的正向作用。也就是说，学历异质性程度增高导致不同学历的高管沟通不畅，矛盾冲突不断提升，影响高管团队股权薪酬对创新的促进作用。表 4 - 8 中第（3）列高管团队在职消费的回归系数为 0.144 并在 1% 水平上显著，而 Perk × Hage 的回归系数为 - 0.079 并在 10% 水平上显著。这说明在职消费促进企业创新投入水平，支持 H1b 假设。而年龄异质性水平负向调节在职消费水平与创新投入的正向促进作用。也就是说，高管团队年龄异质性水平越大，越不利于高管团队成员之间的沟通和交流，难以形成科学合理创新投资决策，因此，年龄异质性负向调节高管团队在职消费对创新投入的促进作用。表 4 - 8 中第（4）列 Perk 的回归系数为 0.186 并在 1% 水平上显著，同时 Perk × Hdegree 的回归系数为 - 0.147 并在 1% 水平上显著。这说明高管团队在职消费水平正向促进企业创新投入水平，支持 H1b 的假设。同时学历水平异质性负向调节高管在职消费对于企业创新投入的促进作用。根据社会类化理论，高管团队学历异质性水平越高，对于企业重要的战略决策制定时，不同学历高管之间容易产生矛盾和分歧，影响创新投资决策。表 4 - 8 中第（5）列 Perk × Hten 的回归系数为 - 0.056 并在 1% 水平上显著。这说明高管团队成员任期异质性增强抑制高管在职消费对于创新投入的促进作用，也就是说，高管团队成员任期差异越大，越容易产生决策上的分歧，影响决策的科学合理性，削弱了高管团队在职消费对于创新投入的促进作用。

4.3.5　研究结论与启示

在高管团队人口特征与企业创新投入之间的关系检验中，发现高管团队平均年龄水平与创新投入显著负相关，这说明越年轻的高管越乐于进行风险性较高的创新项目投资。高管团队平均学历水平与创新投入显著正相关，这说明高管团队平均学历越高越愿意实施积极的创新投资。高管团队平均任期与创新投入的正向关系不显著。这说明任期较长的高管可能倾向于保守的投资策略。高管团队成员的货币薪酬激励、股权激励和在职消费水平与创新投入显著正相关。三种激励均能在不同程度上促进企业创新投资水平的提升。创业板上市公司高管团队成员年龄异质性和学历异质性与企业创新投入存在倒"U"型的关系。这说明高管年龄和学历异质性在一定程度上能够促进企业创新投资，但是当异质性程度较高并超过一定范围时，会抑制企业创新投资。部分证明了假设 H1a、H1b 的内容，支持假设 H1c 的内容。这说明高管团队人员的选取原则：一是应该选择年轻有为、高学历人员。二是保持团队成员适当的年龄和学历异质性。因为根据信息决策理论，适当的团队成员异质性可以增加团队成员获取信息数量的多少，增强异质性信息的沟通交流，有助于科学的战略决策。三是应给予高管团队较高的薪酬激励，在企业不同发展阶段建立合适的薪酬激励契约组合模式，增强其创新动力和创新意识。

进一步研究显示，一是当高管人口特征作为主效应进行研究时，高管团队年龄异质性负向调节高管平均年龄与企业创新投入的负向关系，高管学历异质性负向调节高管学历对创新投入的正向促进关系，高管任期正向调节高管平均学历对创新投入的正向的促进关系。这说明年龄和学历异质性高的团队，可能产生类化现象，激发团队内部矛盾，影响企业创新投资决策。任期较长的高管能够凭借丰富的工作经历，促进高学历高管团队的创新投资决策。二是股权薪酬激励正向调节相对年轻的高管对创新投入的促进作用，股权薪酬正向调节高管平均学历和平均任期对创新投入的正向促进作用。这说明股权激励能够在一定程度上促进高学历和任期较长的高管积极实施创新投资。货币薪酬和在职消费正向调节高管团队平均学历水平对创新投入的促进作用。给予高学历高管货币薪酬和在职消费权力，能够激励高管积极实施创新投资。三是当薪酬激励模式作为主效应进行研究时发现，高管三种薪酬激励模式中的两两之间具有互补效应，共同提升企业创新投入的决策力度。四是高管学历异质性负向调节高管货币薪酬和股权薪酬对于创新投入的促进作用。高管年龄异质性、学历异质性、任期异质性负向调节在职消费对于创新投入的促进作用。这说明异质性特征会引起团队意见分歧，导致矛盾的激化，削弱薪酬激励对企业创新投资的促进作用。

4.4 稳健性检验

4.4.1 高管团队特征与企业创新投资关系的稳健性检验

本部分将对高管团队特征与企业创新投资之间的关系进行稳健性检验。包括以下三个部分。

一是逐步减少控制变量的稳健性检验。如表 4-9 所示，第（1）~ 第（8）列的回归模型中逐渐减少控制变量进行回归分析结果，其中的反映模型整体回归效果的 Adj-R^2 和 F 值较好，且 F 值在 1% 水平上显著，证明模型的拟合度较高，发现高管团队人口特征及薪酬激励水平对企业创新投资的关系与前面研究结果基本一致，说明研究结果具有稳健性。

二是逐步减少年份的稳健性检验。改变样本选取时间，采用删除 2009 年、2010 年、2011 年、2012 年、2013 年、2014 年、2015 年和 2016 年的样本后的指标重新进行回归分析，如表 4-10 的第（1）~ 第（8）列所示，模型的拟合度较好，并且发现回归结果显示高管团队人口特征及薪酬激励水平对企业创新投资的关系与前面研究结果基本一致，说明研究结果具有稳健性。

三是替换创新投入指标的稳健性检验。表 4-11 是采用公司营业收入标准化研究与开发投资指标重新度量企业创新投资强度之后，进行的回归分析，第（1）列 Mage 的系数为 -0.001（T = -3.28，P < 0.01），这说明高管团队平均年龄与企业创新投资呈现显著的负相关关系。第（2）列 Mdegree 的系数为 0.037（T = 11.64，P < 0.01），这说明高管团队平均学历与企业创新投资呈现显著的正相关关系。第（3）列 Mten 与企业创新投资的回归系数不显著，不具有相关关系。第（4）列 Pay 的回归系数为 0.014（T = 5.68，P < 0.01），说明高管团队成员的货币薪酬激励与企业创新投资显著正相关。第（5）列 Comp 的回归系数为 0.016（T = 1.72，P < 0.1），这说明高管团队成员股权激励与企业创新投资正相关，能够有效激励高管开展和实施创新活动。第（6）列 Perk 的回归系数为 0.551（T = 38.94，P < 0.01），这说明高管团队在职消费能够有效激励企业创新投资。以上的回归结果的系数及显著性与前面研究结论基本一致，检验结果说明研究结果具有稳健性。

表 4－9　高管团队人口特征及薪酬激励水平对企业创新投资影响的稳健性检验（减少控制变量）

变量	Rd (1)	Rd (2)	Rd (3)	Rd (4)	Rd (5)	Rd (6)	Rd (7)	Rd (8)
_cons	0.033** (2.13)	-0.076*** (-5.88)	-0.077*** (-5.95)	-0.074*** (-6.10)	-0.074*** (-6.12)	-0.069*** (-5.78)	-0.069*** (-5.80)	-0.071*** (-5.93)
Mage	-0.000 2* (-1.90)	-0.000 2* (-1.71)	-0.000 2* (-1.65)	-0.000 2* (-1.62)	-0.000 2* (-1.64)	-0.000 2 (-1.48)	-0.000 2 (-1.36)	-0.000 2 (-1.34)
Mdegree	0.010*** (10.44)	0.009*** (9.06)	0.009*** (9.11)	0.009*** (9.16)	0.009*** (9.16)	0.009*** (9.28)	0.009*** (9.24)	0.009*** (9.18)
Mten	0.000 2 (0.45)	-0.001*** (-2.90)	-0.001*** (-2.87)	-0.001*** (-2.88)	-0.001*** (-2.89)	-0.001*** (-2.93)	-0.001*** (-3.00)	-0.001*** (-3.05)
Pay	0.006*** (9.15)	0.004*** (6.21)	0.004*** (6.22)	0.004*** (6.22)	0.004*** (6.22)	0.004*** (6.15)	0.004*** (6.10)	0.004*** (6.31)
Comp	0.009*** (3.76)	0.011*** (4.43)	0.011*** (4.51)	0.011*** (4.55)	0.011*** (4.57)	0.010*** (4.42)	0.010*** (4.41)	0.011*** (4.45)
Perk	0.028*** (9.17)	0.032*** (10.09)	0.032*** (10.36)	0.032*** (10.36)	0.033*** (10.38)	0.032*** (10.33)	0.033*** (10.76)	0.033*** (10.77)
Roa								
Size	-0.007*** (-12.32)							
Lev	0.006** (2.47)	-0.002 (-0.78)						
Indep	0.009 (1.11)	0.006 (0.68)	0.006 (0.67)					

续表

变量	Rd (1)	Rd (2)	Rd (3)	Rd (4)	Rd (5)	Rd (6)	Rd (7)	Rd (8)
Board	0.000 6* (1.91)	0.000 1 (0.35)	0.000 1 (0.32)	-0.000 04 (-0.15)				
Supervise	0.002*** (3.21)	0.002*** (2.81)	0.002*** (2.78)	0.002*** (2.76)	0.002*** (2.76)			
Growth	0.001 (1.25)	-0.000 8 (-0.99)	-0.001 (-1.13)	-0.001 (-1.14)	-0.001 (-1.15)	-0.001 (-1.21)		
Fcf	0.005 (1.04)	0.007 (1.60)	0.008* (1.82)	0.008* (1.83)	0.008* (1.83)	0.008* (1.78)	0.008* (1.88)	
Age	0.000 02 (0.25)	0.000 03 (0.36)	0.000 03 (0.35)	0.000 04 (0.38)	0.000 03 (0.37)	0.000 06 (0.6)	0.000 06 (0.66)	0.000 06 (0.66)
行业	控制	控制	控制	控制	控制	控制	控制	控制
年度	控制	控制	控制	控制	控制	控制	控制	控制
观测样本	2 755	2 755	2 755	2 755	2 755	2 755	2 755	2 755
Adj-R^2	0.316	0.278	0.278	0.278	0.278	0.276	0.276	0.276
F	38.33***	33.06***	34.08***	35.17***	36.35***	37.25***	38.52***	39.78***

注：括号内为 t 值；***、** 和 * 分别表示在 1%、5% 和 10% 水平上显著。

表 4 – 10　　　　　高管团队人口特征及薪酬激励水平对企业创新投资影响的稳健性检验（删除年份）

变量	Rd（仅删除 2009 年样本）(1)	Rd（仅删除 2010 年样本）(2)	Rd（仅删除 2011 年样本）(3)	Rd（仅删除 2012 年样本）(4)	Rd（仅删除 2013 年样本）(5)	Rd（仅删除 2014 年样本）(6)	Rd（仅删除 2015 年样本）(7)	Rd（仅删除 2016 年样本）(8)
_cons	0.023 (1.50)	0.031* (1.93)	0.037** (2.23)	0.047*** (3.19)	0.042*** (2.88)	0.045*** (2.72)	0.038** (2.21)	0.039** (2.10)
Mage	-0.000 2* (-1.81)	-0.000 3** (-2.36)	-0.000 2* (-1.79)	-0.000 3** (-2.36)	-0.000 2* (-1.73)	-0.000 2 (-1.38)	-0.000 2 (-1.47)	-0.000 3* (-1.91)
Mdegree	0.010*** (10.48)	0.010*** (10.04)	0.010*** (10.05)	0.009*** (9.82)	0.009*** (10.01)	0.010*** (9.74)	0.009*** (8.84)	0.009*** (8.77)
Mten	0.000 6* (1.73)	0.000 7** (2.10)	0.000 9** (2.42)	0.000 7** (2.35)	0.000 9*** (2.82)	0.000 6* (1.67)	0.000 3 (0.74)	0.000 5 (1.27)
Pay	0.006*** (8.47)	0.006*** (7.88)	0.006*** (8.02)	0.004*** (6.69)	0.005*** (7.40)	0.006*** (7.58)	0.005*** (6.78)	0.006*** (7.14)
Comp	0.008*** (3.29)	0.008*** (3.16)	0.007*** (2.76)	0.006*** (2.67)	0.007*** (3.02)	0.006** (2.43)	0.007*** (2.70)	0.006** (2.42)
Perk	0.035*** (11.12)	0.036*** (10.96)	0.037*** (11.02)	0.080*** (16.46)	0.078*** (15.81)	0.033*** (9.56)	0.054*** (12.16)	0.039*** (10.63)
Roa	0.046*** (7.13)	0.053*** (8.09)	0.061*** (8.81)	0.064*** (9.43)	0.055*** (8.07)	0.050*** (7.20)	0.049*** (6.84)	0.048*** (6.53)
Size	-0.007*** (-11.28)	-0.006*** (-10.16)	-0.007*** (-11.90)	-0.006*** (-10.99)	-0.006*** (-10.76)	-0.007*** (-11.38)	-0.007*** (-10.37)	-0.007*** (-9.53)
Lev	0.008*** (3.23)	0.006** (2.20)	0.012*** (4.30)	0.013*** (5.58)	0.013*** (5.50)	0.009*** (3.38)	0.011*** (3.79)	0.008*** (2.66)
Indep	0.008 (0.94)	0.008 (0.96)	0.010 (1.17)	0.006 (0.75)	0.010 (1.22)	0.008 (0.90)	0.004 (0.43)	0.008 (0.91)

续表

变量	Rd（仅删除2009年样本）(1)	Rd（仅删除2010年样本）(2)	Rd（仅删除2011年样本）(3)	Rd（仅删除2012年样本）(4)	Rd（仅删除2013年样本）(5)	Rd（仅删除2014年样本）(6)	Rd（仅删除2015年样本）(7)	Rd（仅删除2016年样本）(8)
Board	0.000 4 (1.30)	0.000 6 (1.60)	0.000 5 (1.28)	0.000 4 (1.33)	0.000 4 (1.36)	0.000 4 (1.12)	0.000 5 (1.25)	0.000 6* (1.69)
Supervise	0.002*** (3.54)	0.002*** (3.06)	0.002*** (2.89)	0.002** (2.55)	0.002*** (3.03)	0.002*** (3.27)	0.002*** (2.90)	0.002*** (3.47)
Growth	-0.000 08 (-0.10)	-0.000 6 (-0.68)	-0.000 3 (-0.36)	0.001 (0.95)	0.000 2 (0.18)	-0.000 07 (-0.08)	0.001 (1.19)	0.000 2 (0.17)
Fcf	-0.003 (-0.59)	-0.010** (-1.98)	-0.003 (-0.53)	0.001 (0.25)	-0.005 (-1.11)	-0.004 (-0.88)	-0.003 (-0.56)	-0.007 (-1.20)
Age	0.000 03 (0.39)	0.000 03 (0.29)	0.000 06 (0.65)	0.000 06 (0.7)	0.000 02 (0.18)	0.000 04* (0.44)	0.000 05 (0.52)	0.000 07 (0.72)
行业	控制	控制	控制	控制	控制	控制	控制	控制
年度	控制	控制	控制	控制	控制	控制	控制	控制
观测样本	2 700	2 574	2 469	2 406	2 384	2 339	2 260	2 153
Adj-R²	0.330	0.328	0.338	0.396	0.383	0.326	0.339	0.329
F	40.06***	37.88***	38.09***	47.34***	44.50***	34.23***	35.12***	32.08***

注：括号内为t值；***、**和*分别表示在1%、5%和10%水平上显著。

表4-11 高管团队人口特征及薪酬激励水平对企业创新投资影响的稳健性检验（替换创新投入指标）

变量	全样本 Rd (1)	全样本 Rd (2)	全样本 Rd (3)	全样本 Rd (4)	全样本 Rd (5)	全样本 Rd (6)
_cons	0.028 (0.52)	-0.063 (-1.28)	-0.028 (-0.56)	-0.137 ** (-2.54)	-0.035 (-0.69)	-0.129 *** (-3.18)
Mage	-0.001 *** (-3.28)					
Mdegree		0.037 *** (11.64)				
Mten			-0.000 2 (-0.19)			
Pay				0.014 *** (5.68)		
Comp					0.016 * (1.72)	
Perk						0.551 *** (38.94)
Roa	-0.193 *** (-8.23)	-0.195 *** (-8.52)	-0.193 *** (-8.01)	-0.207 *** (-8.79)	-0.195 *** (-8.28)	0.012 (0.61)
Size	0.006 *** (3.18)	0.003 (1.35)	0.007 *** (3.11)	0.004 * (1.78)	0.007 *** (3.29)	0.011 *** (6.64)
Lev	-0.115 *** (-13.13)	-0.104 *** (-12.19)	-0.113 *** (-12.86)	-0.109 *** (-12.56)	-0.112 *** (-12.82)	-0.052 *** (-7.22)
Indep	-0.008 (-0.28)	-0.027 (-0.93)	-0.013 (-0.44)	-0.013 (-0.46)	-0.013 (-0.46)	-0.048 ** (-2.05)
Board	-0.000 3 (-0.28)	-0.001 (-1.14)	-0.000 7 (-0.64)	-0.000 9 (-0.79)	-0.000 7 (-0.57)	-0.001 (-1.19)
Supervise	0.006 *** (2.56)	0.005 ** (2.23)	0.006 ** (2.44)	0.006 ** (2.58)	0.006 ** (2.51)	0.004 * (1.90)
Growth	-0.011 *** (-2.99)	-0.011 *** (-3.16)	-0.010 *** (-2.72)	-0.009 *** (-2.64)	-0.010 *** (-2.77)	-0.000 9 (-0.30)
Fcf	-0.008 (-0.47)	-0.005 (-0.30)	-0.008 (-0.45)	-0.013 (-0.76)	-0.008 (-0.44)	-0.015 (-1.10)
Age	-0.000 9 *** (-2.98)	-0.001 *** (-3.13)	-0.001 *** (-3.36)	-0.001 *** (-3.39)	-0.001 *** (-3.40)	-0.000 8 *** (-3.11)
行业	控制	控制	控制	控制	控制	控制
年度	控制	控制	控制	控制	控制	控制
观测样本	2 755	2 755	2 755	2 755	2 755	2 755
Adj-R^2	0.222	0.256	0.218	0.228	0.219	0.498
F	25.45 ***	30.49 ***	25.01 ***	26.32 ***	25.13 ***	86.35 ***

注：括号内为t值；*** 、** 和 * 分别表示在1%、5%和10%水平上显著。

4.4.2　高管团队异质性与企业创新投资关系的稳健性检验

　　一是逐步减少控制变量的稳健性检验。表 4 - 12 是减少控制变量总资产收益率（Roa）后的回归分析结果显示，第（1）列高管团队年龄异质性的一次项回归系数为 0.142，显著正相关（T = 3.43，P < 0.01），二次项的回归系数为 - 0.132，显著负相关（T = - 3.49，P < 0.01），这说明高管团队年龄异质性与企业创新投资呈现倒"U"型关系。而第（2）列高管团队学历异质性一次项与创新投资显著正相关，相关系数为 0.094（T = 2.23，P < 0.05），二次项系数为 - 0.099（T = - 2.87，P < 0.01），这说明高管团队学历异质性与企业创新投资呈现倒"U"型关系。第（3）列高管团队成员任期异质性与企业创新投资决策不具有倒"U"型关系。这些回归结果与前面的研究结论一致，说明研究结果具有稳健性。同时依次去掉控制变量中资产负债率（Lev）、公司规模（Size）、营业收入增长率（Growth）、董事会规模（Board）、独立董事占全体董事的比例（Indep）、监事会规模（Supervise）、公司成立年限（Age）和自由现金流量（Fcf）等变量后，回归结果和前面仍然一致，因而也更加地说明了结果的稳健性和可靠性。

表 4 - 12　高管团队异质性对企业创新投资的影响回归分析（删除控制变量 Roa）

变量	全样本 Rd (1)	全样本 Rd (2)	全样本 Rd (3)
_ cons	0.066 *** (3.95)	0.089 *** (5.03)	0.100 *** (7.94)
Hage	0.142 *** (3.43)		
Hage^2	- 0.132 *** (- 3.49)		
Hdegree		0.094 ** (2.23)	
Hdegree^2		- 0.099 *** (- 2.87)	
Hten			- 0.007 * (- 1.73)
Hten^2			0.005 (1.21)
Roa			

续表

变量	全样本 Rd (1)	全样本 Rd (2)	全样本 Rd (3)
Size	-0.005 ***	-0.005 ***	-0.005 ***
	(-9.24)	(-9.67)	(-8.38)
Lev	-0.001	-0.001	-0.002
	(-0.60)	(-0.48)	(-0.84)
Indep	0.016 *	0.015 *	0.017 **
	(1.93)	(1.89)	(2.11)
Board	0.000 6 *	0.000 7 **	0.000 6 **
	(1.90)	(2.29)	(1.98)
Supervise	0.002 ***	0.002 **	0.002 ***
	(3.10)	(2.51)	(2.97)
Growth	0.001	0.001	0.001
	(1.41)	(1.36)	(1.47)
Fcf	0.005	0.005	0.004
	(1.04)	(1.08)	(0.94)
Age	-0.000 04	-0.000 07	-0.000 04
	(-0.46)	(-0.80)	(-0.45)
行业	控制	控制	控制
年度	控制	控制	控制
观测样本	2 755	2 755	2 755
Adj-R^2	0.236	0.246	0.234
F	29.30 ***	30.90 ***	28.96 ***

注：括号内为 t 值；***、** 和 * 分别表示在 1%、5% 和 10% 水平上显著。

二是逐步减少年份的稳健性检验。改变样本选取时间，采用删除 2009 年、2010 年、2011 年、2012 年、2013 年、2014 年、2015 年和 2016 年后的样本指标重新进行回归，表 4-13 列示了只删除 2009 年样本数据的回归结果，结果显示：第（1）列模型的 Adj-R^2 为 0.238，F 值为 29.14，并在 1% 水平上显著，模型的拟合度较好。高管团队成员年龄异质性（Hage）与企业创新投资的一次项系数为 0.132（$T=3.16$，$P<0.01$），二次项系数为 -0.122（$T=-3.18$，$P<0.01$），这说明高管团队年龄异质性对企业创新投资的影响呈现倒"U"型关系。第（2）列 Adj-R^2 为 0.248，F 为 30.78 并在 1% 水平上显著，说明模型拟合度好，能够反映和说明问题，高管团队成员学历异质性（Hdegree）一次项系数为 0.092（$T=2.18$，$P<0.05$），二次项系数为 -0.097（$T=-2.82$，$P<0.01$），说明高管团队成员学历异质性与企业创新投资水平呈现倒"U"型关系。而第（3）列中 Hten 的一次项和二次项都与企业创新投资之间的关系不具有显著性。结果与前面的研究基本一致，说明研究结果具有稳健性。其他年份的回归结果也与前面一

致，证明了研究结果的稳健性。

表 4 - 13　高管团队异质性对企业创新投资的影响回归分析（删除 2009 年样本）

变量	全样本 Rd (1)	全样本 Rd (2)	全样本 Rd (3)
_ cons	0.056 *** (3.33)	0.077 *** (4.32)	0.091 *** (7.11)
Hage	0.132 *** (3.16)		
$Hage^2$	- 0.122 *** (-3.18)		
Hdegree		0.092 ** (2.18)	
$Hdegree^2$		- 0.097 *** (-2.82)	
Hten			- 0.006 (-1.38)
$Hten^2$			0.005 (1.17)
Roa	0.026 *** (3.99)	0.028 *** (4.20)	0.024 *** (3.50)
Size	- 0.004 *** (-8.17)	- 0.005 *** (-8.53)	- 0.004 *** (-7.60)
Lev	- 0.002 (-0.71)	- 0.001 (-0.56)	- 0.002 (-0.90)
Indep	0.014 * (1.76)	0.014 * (1.71)	0.016 * (1.92)
Board	0.000 5 (1.54)	0.000 6 * (1.88)	0.000 5 (1.62)
Supervise	0.002 *** (3.18)	0.002 *** (2.62)	0.002 *** (3.03)
Growth	0.000 2 (0.24)	0.000 1 (0.13)	0.000 3 (0.34)
Fcf	- 0.000 5 (-0.11)	- 0.000 7 (-0.14)	- 0.000 5 (-0.10)
Age	- 0.000 03 (-0.32)	- 0.000 06 (-0.65)	- 0.000 03 (-0.37)
行业	控制	控制	控制
年度	控制	控制	控制
观测样本	2 700	2 700	2 700
Adj-R^2	0.238	0.248	0.236
F	29.14 ***	30.78 ***	28.78 ***

注：括号内为 t 值；*** 、** 和 * 分别表示在 1% 、5% 和 10% 水平上显著。

三是替换创新投入指标的稳健性检验。采用公司营业收入标准化研究与开发投入指标后重新度量企业创新投资强度后，对高管团队异质性与企业创新投资之间的关系进行回归分析，显著性及回归结果如表 4 - 14 所示，第（1）列高管团队成员年龄异质性（Hage）与企业创新投资的一次项系数为 0.281（T = 1.91，P < 0.1），二次项系数为 - 0.238（T = - 1.76，P < 0.1），这说明高管团队年龄异质性对企业创新投资的影响呈现倒"U"型关系。第（2）列高管团队成员学历异质性（Hdegree）一次项系数为 0.597（T = 3.96，P < 0.01），二次项系数为 - 0.542（T = - 4.40，P < 0.01），说明高管团队成员学历异质性与企业创新投资水平呈倒"U"型关系。而第（3）列中 Hten 的一次项和二次项都与企业创新投资之间的关系不具有显著性。与前面结论基本一致，以上检验说明研究结果具有稳健性。

表 4 - 14　高管团队异质性对企业创新投资的影响回归分析（删除 2009 年样本）

变量	全样本 Rd (1)	全样本 Rd (2)	全样本 Rd (3)
_ cons	- 0.111 * (- 1.81)	- 0.176 *** (- 2.74)	- 0.050 (- 1.05)
Hage	0.281 * (1.91)		
$Hage^2$	- 0.238 * (- 1.76)		
Hdegree		0.597 *** (3.96)	
$Hdegree^2$		- 0.542 *** (- 4.40)	
Hten			- 0.021 (- 1.41)
$Hten^2$			0.01 (0.69)
Roa	- 0.191 *** (- 8.10)	- 0.193 *** (- 8.26)	- 0.21 *** (- 8.52)
Size	0.006 *** (3.07)	0.006 *** (2.92)	0.008 *** (3.66)
Lev	- 0.113 *** (- 12.93)	- 0.113 *** (- 13.00)	- 0.115 *** (- 13.11)
Indep	- 0.015 (- 0.50)	- 0.015 (- 0.51)	- 0.01 (- 0.34)
Board	- 0.000 7 (- 0.63)	- 0.000 5 (- 0.41)	- 0.000 7 (- 0.63)
Supervise	0.006 ** (2.58)	0.005 ** (1.99)	0.006 ** (2.42)

续表

变量	全样本 Rd (1)	全样本 Rd (2)	全样本 Rd (3)
Growth	−0.010 *** (−2.73)	−0.010 *** (−2.83)	−0.009 ** (−2.48)
Fcf	−0.008 (−0.46)	−0.008 (−0.47)	−0.006 (−0.35)
Age	−0.001 *** (−3.38)	−0.001 *** (−3.72)	−0.001 *** (−3.27)
行业	控制	控制	控制
年度	控制	控制	控制
观测样本	2 755	2 755	2 755
Adj-R^2	0.220	0.229	0.220
F	24.45 ***	25.68 ***	24.47 ***

注：括号内为 t 值；*** 、** 和 * 分别表示在 1%、5% 和 10% 水平上显著。

4.4.3 高管团队特征及异质性调节作用的稳健性检验

对于加入高管团队特征及异质性变量的交互项对企业创新投资影响的稳健性检验时，同样也包括以下三个部分。一是减少控制变量，在回归模型中逐渐减少控制变量的数量。二是改变样本选取时间，采用删除 2009 年、2010 年、2011 年、2012 年、2013 年、2014 年、2015 年和 2016 年后的指标重新进行回归，结果变化不大。三是采用公司营业收入标准化创新投资指标后，重新进行回归分析，结果基本一致。

4.5 本章小结

本章在理论分析的基础上，系统性地提出了本书研究的假设，包括高管团队特征及异质性对企业创新投资决策的三大主效应方面的假设。首先介绍了实证研究中的样本选择及数据来源，其中，数据来源主要是 CSMAR 中高管简历和新浪网（http：//finance.sina.com.cn）网站信息手工收集得到，其他数据全部来源于 WIND 和 CSMAR 数据库。剔除不符合要求的样本后，共得到 2 755 个创业板公司的数据。并重点对研究过程中的自变量、因变量、调节变量以及控制变量的定义进行了系统和详尽的描述和分析，并结合研究内容建立了多元回归分析模型，利用模型对提出的假设进行实证检验。其次利用多元回归分析模型验证了主效应的相关研究，发现高管团队年龄与创新投入负相关，高管团队平均学历、货币薪酬激励、股权激励和在职消费水平与创新投资正相关，而年龄异质性、学历异质性与创新投入存在倒"U"型的关系。再次，利用交互项探讨高管团队人口特征、薪酬激励和异质性特征之间对创新投资的互补效应影响。最后通过对关键变量重新赋值、更换样本选择空间、删除控制变量，对以上结果进行了稳健性检验，实证结果和稳健性检验支持本章中的研究结论。

第5章 首席执行官综合权力
对高管团队特征及异质性与企业创新
投资关系影响的实证研究

5.1 理论分析与研究假设

5.1.1 首席执行官综合权力对高管团队特征与企业创新投资关系的影响

汉布里克和梅森（1984）指出，首席执行官对于高管团队成员的信息加工和处理过程发挥着重要作用，首席执行官有能力组织企业内部各方面的观点相互交流沟通，调节矛盾和障碍，防止团队内部成员的恶意竞争与团队分裂情况的发生，这也得到了相关学者的研究证实。

芬克尔斯坦（Finkelstein，1992）对管理者权力的分类方式在学术界的影响力较大，并得到后续研究学者的认可和使用。他认为，首席执行官的核心任务是处理企业内外部环境的不确定性，内部不确定性包括董事会和其他高管人员等方面，而外部环境不确定来自公司的目标和外部的制度环境。因此，管理者权力为首席执行官利用其权力、地位等应对内外部环境的不确定性而制定企业战略决策的能力。将首席执行官权力分为结构权力（structural power）、所有权权力（ownership power）、专家权力（expert power）和声誉权力（prestige power）四类。由于创业板企业管理者的持股比例较低现象普遍，不足以形成所谓的管理者的所有权权力。因此，借鉴以往学者的研究，本章以董事长和总经理是否两职兼任代表首席执行官结构权力。以首席执行官的任期代表专家权力，以管理者学历水平代表管理者的声誉权力，并将三个维度的管理者权力加总构造综合管理者权力指标。本书主要研究处于"两高六新"行业的创业板上市公司，这类企业拥有较高的附加产值，当新产品和服务能够实现创新产出和转化后，能暂时占据市场的垄断地位，企业的收入也将会呈现几何倍数的增长趋势，获得的效益也是传统行业无法比拟的。正是这些特征，创业板企业非常重视公司的持续创新能力，高管团队和首席执行官也对创新的研发项目报以积极的态度。高管对于研发投资所带来的高风险也表现出更强的承受能力，有较强的冒险倾向，而首席执行官权力的大小也对企业高管团队成员战略决策和创新项目投资产生重要的影响。

综上所述，提出以下假设。

H2：首席执行官综合权力能够正向调节年轻高管团队、平均学历较高和任期较长的高管团队对于企业创新投资的促进作用。

（1）结构权力。首席执行官位于企业结构层级的顶端，处理企业日常事务的最高行政官员，可以对其他高管团队成员施加影响，通过控制下属行为和资源来管理控制企业。当首席执行官兼任公司董事长时，其权力进一步增大。首席执行官对企业生产经营负全部责任，总揽全局，而其他高管分别站在自己负责分管的部门利益最大化的角度上对企业战略决策建言献策。因此，首席执行官在战略决策过程中会立足于企业全面发展的各个方面，权衡利弊选择最有利于企业发展的战略执行方案和创新投资策略，促进企业持续稳定的发展，也就是说具有较高权力的首席执行官可以提高企业的运作效率。

高管团队成员人口特征能够反映高管团队成员认知观念和价值观影响其战略的制定和选择，包括创新战略实施，而高管团队整体制定和选择的战略能否被企业采纳并落实到行动中会受高管团队经理自主决策权的影响。在激烈的市场竞争环境下，企业需要不断进行创新活动，迅速应对外部瞬息万变的环境作出战略调整来适应环境变化，这就要求高管团队拥有更广的行动空间，把握稍纵即逝的创新机遇。两职合一是指企业的总经理同时也担任企业的董事长。以总经理为核心的高管团队是企业战略决策的主体，当企业总经理和董事长两职合一时，董事会对高管团队的制约和监督会削弱，管理者也就是总经理的职权增大。在这种情境下，以总经理为核心的高管团队拥有的权力更大，可以提高高管团队的决策最终落实到企业战略行动中的实施概率。换句话说，两职合一可以保证高管团队拥有更高的经理自主权，从而使高管团队制定和选择的战略更有可能被董事会通过，并落实到企业的行动中。因此，当高管团队的经理自主权较高时，他们制定或选择的战略被企业落实的可能性也较高；当高管团队的经理自主权较低时，他们制定或选择的战略则有较大可能被否决或搁浅，对企业行为的影响程度也会降低。同时学者认为，影响企业战略决策的高管特征主要是高管的学历和任期等方面。

综上所述，提出以下假设。

H2a：企业存在总经理与董事长两职合一的情况能够正向促进高管团队人口特征中高管平均学历和平均任期对企业创新投资决策的正向促进作用。

也就是说，两职合一增加了总经理的权力，对不同高管人口特征团队创新决策的实施起到积极的促进作用。即在董事长和总经理两职合一的企业中，高管团队人口特征中的平均学历、平均任期与企业创新投资之间的促进关系更强。

（2）专家权力。专家权力为首席执行官在某个领域具有相关的从业经历或任职期限较长，凭借相应领域丰富的工作经验和专业才能，这样的高管在处理企业内外部环境的各种不确定性的能力会增强，降低了企业创新投资的风险。一般来说，有较长工作时间的首席执行官经验更加丰富。因此，本书认为，专家权力首席执行官的出现增强了高管团队平均学历和平均任期对企业创新投资的正向作用。专家权力较高的首席执行官对公司业务熟悉，与内部高管成员经过长时间的磨合和工作，沟通顺畅，而且积累了丰富的工作经验，同时在外部环境建立了个人的社会网络，拥有丰富的社会资源。高管团队成员学历较高和任期较长的情况下，高专家权力的首席执行官能够凭借多年工作经验和专业知识准确地整合团队成员的信息资源，促进信息的交流和互动，有效地管理公司，科学地进行投资决策，不断提升创新投资活动，提升公司的持续创新能力。

综上所述，提出以下假设。

H2b：首席执行官的专家权力能够正向调节高管团队人口特征中高管平均学历和平均任期对企业创新投资决策的促进作用。

（3）声誉权力。首席执行官声望较高能够帮助公司获得内外部各方面的信任和支持，缓解公司外部环境不确定性的冲击，拥有较高声誉权力的首席执行官在面对高风险研发投资项目时会保持积极的态度，而且更容易受到其他高管团队成员的认可和尊重。首席执行官拥有较高的学历，具有长远的战略眼光、丰富的知识技能受到其他团队成员的崇拜敬佩，能够促进团队成员之间沟通和信息交流。当高管团队成员平均年龄越年轻时，风险承担意识越强，对于风险性高的创新项目的投资意愿越强。而年轻的高管团队成员会崇拜和听从高声誉权力的首席执行官的建议，提高风险承担能力。因此，本书认为，首席执行官声誉权力正向调节年轻高管团队对企业创新投资的促进作用。此外，当高管团队成员学历和首席执行官学历较高的情况下，根据社会类化理论，更方便于高声誉权力的首席执行官与高学历高管团队之间的沟通，因为学历水平类似的高管更容易产生共鸣。所以本书认为，首席执行官声誉权力正向调节高学历高管团队对企业创新投资的促进作用。

综上所述，提出以下假设。

H2c：首席执行官的声誉权力能够正向调节高管团队平均年龄较小和平均学历较高对企业创新投资决策的促进作用。

5.1.2 首席执行官综合权力对高管团队异质性与企业创新投资关系的影响

由于高管团队人口特征异质性会影响企业的创新决策与绩效。公司创新战略的实施需要核心高管团队成员达成一致的共识，并由首席执行官在权衡利弊情况下作出优化配置创新资源的战略决策。我们认为，高管团队异质性对企业创新投资的影响受首席执行官综合权力的调节作用影响。首席执行官总揽全局、平衡利弊，当拥有较高的结构权力、专家权力和声誉权力时，能够依赖首席执行官权力科学合理地选择最有利于企业发展的最佳战略决策，并保障决策有效执行，提升企业绩效水平。同时，创业板企业大多为"两高六新"行业，这类企业拥有较高的附加产值，新产品和服务一旦成功转化，就会取得几何倍数增长的收入，正是由于这些特征，创业板的首席执行官非常重视企业创新活动，会积极地实施创新项目投资。高管团队成员异质性能够提供多元化的信息资源，由于年龄、学历和任期等方面的差异存在较高的沟通成本，会拉长决策制定的时间。此时，一方面，高权力的首席执行官能够有效控制会议进程，促进高管团队异质性成员之间的交流与沟通，使信息资源有效交换与整合，建立公平公正的建言机制，有助于提高创新决策的有效制定；另一方面，创业板企业的首席执行官比较重视对企业创新资源的整合与投入，能够促进高管团队作出积极的创新投资决策，而且当管理者权力较大的情况下，会削弱董事会对高管作出决策的制约和监督，增加信息多元化的异质性高管团队制定的战略决策落实到企业行动中的概率。

综上所述，提出以下假设。

H3：在既定高管团队异质性水平下，相比首席执行官权力较小的企业，高管团队异质性对首席执行官权力较大企业的创新投资有更强的促进作用。

5.2 研究设计

5.2.1 样本选择与数据来源

本书选择 2009～2016 年创业板企业，研究过程采用面板数据，剔除 2009～2016 年研发投入和高管团队数据缺失的样本，剔除 ST 或 *ST，剔除研究区间内相关变量数据缺失的样本公司，共得到 2 755 个创业板公司的数据，其中，2009年 55 家，2010 年 181 家，2011 年 286 家，2012 年 349 家，2013 年 371 家，2014年 416 家，2015 年 495 家，2016 年 602 家。本书的研究与开发投入指标数据是笔者阅读年报手工整理获得，本书研究的高层管理团队成员包括公司的董事会、监事会及高级管理人员，高管团队背景特征相关数据根据国泰安数据库中高管简历和新浪网（http：//finance. sina. com. cn）的网站信息手工收集得到，其他数据全部来自 WIND 和 CSMAR 数据库。为消除极端值对回归结果产生的不利影响，连续变量对位于 0～1% 和 99%～100% 区间样本进行 Winsorize 处理。

5.2.2 变量定义

本章的自变量选择高管团队特征变量（M），包括平均年龄（Mage）、平均学历（Mdegree）和平均任期（Mten），而高管团队异质性（H）包括年龄异质性（Hage）、学历异质性（Hdegree）和任期异质性（Hten）。因变量为企业创新投资（Rd）。而控制变量为资产收益率（Roa）、公司规模（Size）、资产负债率（Lev）、销售收入增长率（Growth）、自由现金流量（Fcf）、公司成立时间（Age）、独立董事比例（Indep）、董事会规模（Board）、监事会规模（Supervise）、行业（Ind）和年份（Year）作为控制变量，与上一章的选择方式基本一致，具体变量的定义如表 5 - 1 所示。

表 5 - 1　　　　　　　　　　　　主要变量定义

变量类型	变量符号	变量名称	变量定义
被解释变量	Rd	研发强度	研究与开发投入额/总资产
解释变量	Mage	高管团队平均年龄	高管团队的年龄之和除以高管团队总人数
	Mdegree	高管团队平均学历	高管团队学历之和除以高管团队总人数。其中，高管的学历为中专及以下取1，大专取2，本科取3，硕士取4，博士取5
	Mten	高管团队平均任期	高管团队任期之和除以高管团队总人数。其中，高管任期为高管担任现职的时间
	Hage	高管团队年龄异质性	将高管年龄进行分类，划分为五种类型，包括20岁以下、21~30岁、31~40岁、41~50岁和50岁以上，并采用Herfindal-Hirschman 系数进行测度，即 $H = 1 - \sum p^2$
	Hdegree	高管团队学历异质性	将高管团队的教育水平划分为五种类型，分别是高中及以下、大专、本科、硕士和博士及以上，并采用Herfindal-Hirschman 系数进行测度，即 $H = 1 - \sum p^2$
	Hten	高管团队任期异质性	高管团队成员的任期划分为五个时间段，包括1年以内、1~2年、2~3年、3~5年和5年以上，并采用Herfiandal-Hirschman 系数进行测度，即 $H = 1 - \sum p^2$
调节变量	Power₁	结构权力	首席执行官兼任情况：董事长和总经理为同一人取值为1，否则为0
	Power₂	专家权力	首席执行官任期情况：任职时间是否超过样本中位数，是取1，否则取0
	Power₃	声誉权力	首席执行官学历情况：是否具有较高的学历，硕士及以上学历取1，其他取0
	Power₄	权力积分	利用两职合一、学历与任期期限虚拟变量之和来进行度量
控制变量	Roa	资产收益率	上年净利润/总资产
	Size	公司规模	总资产的自然对数
	Lev	资产负债率	负债总额/资产总额
	Growth	销售收入增长率	（期末营业收入－期初营业收入）/期初营业收入
	Fcf	自由现金流量	（经营活动产生的现金流量净额－购买固定资产等现金流量）/总资产
	Board	董事会规模	董事会总人数
	Supervise	监事会规模	监事会总人数
	Indep	独立董事比例	独立董事人数/董事会人数
	Age	公司成立时间	公司年龄
	Ind	行业	根据《上市公司行业分类指引》，创业板分成13个行业大类，以制造业创业板为参照系，设置12个虚拟变量
	Year	年度	全样本以2009年为参照系，设置2010年、2011年、2012年、2013年、2014年、2015年和2016年7个虚拟变量

　　此外，调节变量主要选择管理者权力（Power），权力是组织中管理者影响他人的能力，首席执行官作为企业生产经营的核心领导者在高管团队行为决策中发挥着不可替代的指导性作用，首席执行官的工作态度、行为表现都会对企业高管团队乃至整个企业的生产经营管理活动产生巨大的影响。首席执行官权力是维持协调高管团队运作的关键因素，能够处理组织内外部不确定性因素，影响企业创新等各方面战略决策的制定及有效实施。芬克尔斯坦（Finkelstein，1992）对于管理者权力的分类在学术界较有影响力，也受到后来学者们的普遍认可和使用，其根据内外部资源环境的不确定性，将权力主要分为结构权力（structural power）、专家权力（expert power）、声望权力（prestige power）和所有权权力（ownership power）四个方面。由于创业板企业的管理者的持股比例较低现象普遍，不足以形成所谓的管理者的所有权权力。因此，借鉴以往学者的研究对首席执行官权力变量进行度量，第一，结构权力是较为常见的权力类型，是由组织中的科层结构决定的，首席执行官位于组织层级结构的顶端，首席执行官可以通过结构权力控制下属等其他人员和配置组织资源来管理公司面临的不确定因素。本书以两职兼任代表首席执行官的结构权力为 $Power_1$，当董事长和总经理为同一个人时，此值为 1，否则为 0。第二，首席执行官权力的另一个来源是首席执行官在纷繁动态变化的外部环境条件下有效地管理企业的能力，当首席执行官任职年限较长的情况下，一方面能够更加熟悉和了解企业产品领域的业务情况和发展难题，另一方面首席执行官经过长期的企业经营管理，能够在企业内部形成以自己为中心的并且沟通顺畅的管理团队，因此，本书以首席执行官任期是否够长来代表专家权力（$Power_2$），主要看任职时间是否超过样本中位数，是取 1，否则取 0。第三，首席执行官声誉权力大小取决于是否为社会公认的管理精英成员，重视声誉的首席执行官能够赢得组织内外部各方面的信任和支持，能够缓解外部环境的不确定性变化对公司经营管理的冲击。首席执行官学历越高，会越重视自身的声誉，因此，本书以首席执行官学历教育背景来衡量首席执行官的声誉权力，主要看首席执行官是否具有较高的学历，硕士及以上学历取 1，其他取 0。并将上述三个维度的首席执行官权力加总构造得分变量衡量 $Power_4$。

5.2.3 多元回归模型设计

　　根据以上论述，本书借鉴以往学者的研究选取控制变量，构建式（5-1）

和式（5-2），分别探讨了高管团队特征（M）及异质性（H）对企业创新投资的影响。其中，M 分别代表 Mage、Mdegree 和 Mten；H 分别代表 Hage、Hdegree 和 Hten。同时分析首席执行官权力对两者关系的调节作用，主要利用式（5-1）和式（5-2）进行回归分析。即：

$$Rd_{i,t} = \beta_0 + \beta_1 Mage_{i,t} + \beta_2 Mdegree_{i,t} + \beta_3 Mten_{i,t} + \beta_4 Power_{i,t} + \beta_5 Mage_{i,t}$$
$$\times Power_{i,t} + \beta_6 Mdegree_{i,t} \times Power_{i,t} + \beta_7 Mten_{i,t} \times Power_{i,t} + \beta_8 Roa_{i,t}$$
$$+ \beta_9 Size_{i,t} + \beta_{10} Growth_{i,t} + \beta_{11} Supervise_{i,t} + \beta_{12} Board_{i,t} + \beta_{13} Indep_{i,t}$$
$$+ \beta_{14} Lev_{i,t} + \beta_{15} Fcf_{i,t} + \beta_{16} Age_{i,t} + \sum Year + \sum Ind + \varepsilon_{i,t} \quad (5-1)$$

$$Rd_{i,t} = \beta_0 + \beta_1 H_{i,t} + \beta_2 H_{i,t}^2 + \beta_3 H_{i,t}^2 \times Power_{i,t} + \beta_4 Power_{i,t} + \beta_5 Roa_{i,t} + \beta_6 Size_{i,t}$$
$$+ \beta_7 Growth_{i,t} + \beta_8 Supervise_{i,t} + \beta_9 Board_{i,t} + \beta_{10} Indep_{i,t} + \beta_{11} Lev_{i,t}$$
$$+ \beta_{12} Fcf_{i,t} + \beta_{13} Age_{i,t} + \sum Year + \sum Ind + \varepsilon_{i,t} \quad (5-2)$$

5.3　实证结果分析

5.3.1　描述性统计分析

表5-2列示了各变量描述性统计分析情况。对我国创业板上市公司2009～2016年的各项相关数据进行描述性统计分析的结果显示，Rd 的均值为2.6%，水平较低，还需要进一步提升，但是与其他的板块和类型的企业相比，比例较高，说明创业板上市公司还是拥有比较强的竞争力。此外，从管理者权力指标来看，董事长和总经理兼任比为0.451，说明接近1/2比例的董事长同时兼任总经理职位。首席执行官任期的均值为0.510，而首席执行官学历的均值为0.521，权力积分的均值为1.482，最大值为3，最小值为0，中位数为1，样本企业总共是2 755 个。

表5-2　　　　　　　　　　　　主要变量的描述性统计特性

变量	Mean	Median	Std. Dev	Min	Max	Observations
Rd	0.026	0.021	0.020	0	0.109	2 755
Mage	46.808	46.867	3.102	40	53.947	2 755
Mdegree	3.331	3.353	0.384	2.353	4.118	2 755

变量	Mean	Median	Std. Dev	Min	Max	Observations
Mten	2.461	2.500	1.218	0	5.250	2 755
Hage	0.587	0.602	0.078	0.320	0.711	2 755
Hdegree	0.645	0.657	0.081	0.377	0.782	2 755
Hten	0.503	0.561	0.301	0	0.965	2 755
$Power_1$	0.451	0	0.498	0	1	2 755
$Power_2$	0.510	1	0.500	0	1	2 755
$Power_3$	0.521	1	0.500	0	1	2 755
$Power_4$	1.482	1	0.926	0	3	2 755
Roa	0.074	0.068	0.059	−0.081	0.264	2 755
Size	20.992	20.905	0.731	19.399	23.022	2 755
Board	8.117	9	1.401	5	12	2 755
Supervise	3.128	3	0.509	2	5	2 755
Indep	0.379	0.364	0.054	0.333	0.571	2 755
Lev	0.255	0.227	0.158	0.028	0.679	2 755
Growth	0.260	0.202	0.357	−0.422	1.797	2 755
Fcf	−0.031	−0.027	0.077	−0.259	0.155	2 755
Age	12.865	12	4.192	4	24	2 755

5.3.2 相关性分析

本书初步利用 Pearson 考察了模型各变量之间的相关性关系，如表 5 – 3 和表 5 – 4 所示。通过结果可以看出，变量之间的相关系数较小，表明回归模型中不存在多重共线性关系的问题。根据表 5 – 3 和表 5 – 4 样本数据的结果，第一，创新投资（Rd）与总经理两职兼任（$Power_1$）在 5% 水平上显著正相关，相关系数为 0.042，初步证明了总经理如果兼任董事长的情况下，对创新项目投资具有积极的促进作用。这可能由于创业板上市公司大部分为民营企业，如果董事长和总经理为同一个人，权力比较集中，总经理具有较高的权威，可以统揽大局，并且其所有者就是企业的经营者，会考虑到企业的长远发展，为了企业的长远发展会增大企业风险较高的研发项目投入。第二，创新投资（Rd）与总经理的学历情况在 1% 的水平上显著正相关，相关系数为 0.118，初步证明了拥有高学历背景的总经理具有丰富的专业技能和经验，能够在外部复杂变化的环境下，有效地管理控制公司，降低投资所带来的风险性，因此，具有较高学历层次的高管更有

表 5 - 3　　变量间的相关性分析（1）

变量	Rd	Mage	Mdegre	Mten	Hten	Hage	Hdegree	Roa	Indep	Supervise
Rd	1.000									
Mage	-0.110*** (0.000)	1.000								
Mdegre	0.267*** (0.000)	-0.106*** (0.000)	1.000							
Mten	0.015 (0.437)	0.221*** (0.000)	0.026 (0.173)	1.000						
Hten	-0.043*** (0.025)	0.138*** (0.000)	0.116*** (0.000)	0.681*** (0.000)	1.000					
Hage	-0.029 (0.127)	-0.209*** (0.000)	-0.048*** (0.012)	-0.020 (0.286)	0.072*** (0.000 2)	1.000				
Hdegree	-0.160*** (0.000)	0.057*** (0.003)	-0.131*** (0.000)	-0.027 (0.165)	0.004 (0.856)	0.071*** (0.000 2)	1.000			
Roa	0.129*** (0.000)	-0.042** (0.026)	0.029 (0.132)	-0.178*** (0.000)	-0.239*** (0.000)	-0.081*** (0.000)	0.016 (0.412)	1.000		
Indep	0.063*** (0.000 9)	-0.026 (0.180)	0.013 (0.495)	0.021 (0.282)	0.053*** (0.005)	0.040** (0.035)	-0.065** (0.000 6)	-0.007 (0.727)	1.000	
Supervise	0.014 (0.464)	0.043** (0.026)	0.009 (0.630)	-0.049*** (0.010)	-0.042** (0.029)	-0.053*** (0.006)	-0.0449** (0.018)	-0.054*** (0.005)	-0.127*** (0.000)	1.000
Board	-0.034* (0.072)	0.072*** (0.000 2)	0.032* (0.094)	-0.026 (0.170)	-0.045** (0.019)	-0.059*** (0.002)	0.0530** (0.005)	0.037* (0.050)	-0.666*** (0.000)	0.163*** (0.000)
Size	-0.200*** (0.000)	0.117*** (0.000)	0.146*** (0.000)	0.312*** (0.000)	0.370*** (0.000)	0.095*** (0.000)	0.007 (0.727)	-0.062*** (0.001)	-0.058*** (0.002)	0.010 (0.609)

续表

变量	Rd	Mage	Mdegre	Mten	Hten	Hage	Hdegree	Roa	Indep	Supervise
Lev	-0.078*** (0.000)	0.030 (0.122)	-0.023 (0.225)	0.118*** (0.000)	0.169*** (0.000)	0.061*** (0.001)	0.049** (0.011)	-0.092*** (0.000)	-0.003 (0.874)	0.020 (0.298)
Growth	-0.012 (0.542)	-0.122*** (0.000)	0.083*** (0.000)	0.009 (0.636)	0.048** (0.011)	0.018 (0.347)	-0.012 (0.531)	0.176*** (0.000)	-0.034* (0.077)	-0.045** (0.017)
Age	0.024 (0.203)	0.235*** (0.000)	-0.013 (0.492)	0.250*** (0.000)	0.218*** (0.000)	0.023 (0.224)	0.006 (0.769)	-0.031* (0.100)	0.013 (0.483)	0.054*** (0.005)
Power$_1$	0.042** (0.027)	-0.147*** (0.000)	-0.021 (0.276)	-0.065*** (0.0007)	-0.098*** (0.000)	0.014 (0.476)	0.009 (0.624)	0.041** (0.032)	0.080*** (0.000)	-0.025 (0.186)
Power$_3$	0.118*** (0.000)	-0.054*** (0.004)	0.388*** (0.000)	0.035* (0.070)	0.036* (0.059)	0.033* (0.082)	0.002 (0.920)	0.007 (0.702)	0.059*** (0.002)	0.028 (0.145)
Power$_2$	0.030 (0.117)	0.076*** (0.0001)	0.036* (0.057)	0.624*** (0.000)	0.532*** (0.000)	0.004 (0.845)	0.019 (0.327)	-0.125*** (0.000)	0.037* (0.056)	-0.052*** (0.006)
Power$_4$	0.102*** (0.000)	-0.067*** (0.0004)	0.218*** (0.000)	0.321*** (0.000)	0.254*** (0.000)	0.027 (0.154)	0.016 (0.397)	-0.042** (0.030)	0.094*** (0.000)	-0.027 (0.163)
Fcf	0.073*** (0.0001)	0.060*** (0.002)	0.015 (0.420)	0.021 (0.275)	-0.003 (0.868)	-0.024 (0.203)	-0.020 (0.309)	0.272*** (0.000)	0.023 (0.230)	-0.028 (0.140)

注：括号内为 t 值；***、**和*分别表示在1%、5%和10%水平上显著。

表 5 - 4　　　　　　　　　　　　　　　　变量间的相关性分析 (2)

变量	Board	Size	Lev	Growth	Age	$Power_1$	$Power_3$	$Power_2$	$Power_4$	Fcf
Board	1.000									
Size	0.105 *** (0.000)	1.000								
Lev	0.003 (0.857)	0.383 ** (0.000)	1.000							
Growth	0.031 (0.108)	0.257 *** (0.000)	0.209 *** (0.000)	1.000						
Age	0.032 * (0.098)	0.161 *** (0.000)	0.137 *** (0.000)	-0.044 ** (0.022)	1.000					
$Power_1$	-0.049 ** (0.011)	-0.098 *** (0.000)	-0.007 (0.699)	0.010 (0.603)	0.0002 (0.991)	1.000				
$Power_3$	-0.051 *** (0.008)	0.054 *** (0.005)	-0.014 (0.473)	0.035 * (0.070)	-0.024 (0.211)	0.042 ** (0.028)	1.000			
$Power_2$	-0.004 (0.826)	0.201 *** (0.000)	0.079 *** (0.000)	0.026 (0.174)	0.167 *** (0.000)	0.158 *** (0.000)	0.021 (0.279)	1.000		
$Power_4$	-0.056 *** (0.003)	0.085 *** (0.000)	0.031 (0.102)	0.038 ** (0.047)	0.078 *** (0.000)	0.645 *** (0.000)	0.573 *** (0.000)	0.636 *** (0.000)	1.000	
Fcf	-0.023 (0.224)	-0.041 ** (0.033)	-0.166 *** (0.000)	-0.073 *** (0.000 1)	0.075 8 *** (0.000 1)	-0.039 2 ** (0.040)	0.002 (0.917)	-0.038 7 (0.042)	-0.040 9 ** (0.032)	1.000

注: 括号内为 t 值; ***、** 和 * 分别表示在 1%、5% 和 10% 水平上显著。

动力实施创新活动，使企业实现稳定持续的创新而受到市场和客户的认可。第三，创新投资（Rd）与总经理任期情况（$Power_2$）不显著相关，这可能是由于创业板上市公司的总经理的任期较短，对创新投资的促进作用还没有显现出来。第四，创新投资（Rd）与总经理的权力积分（$Power_4$）在1%的水平上显著正相关，相关系数为0.102，初步证明了高管团队成员的管理者权力与创新投资显著的正相关。

5.3.3　多元回归分析

（1）首席执行官权力对高管团队人口特征与企业创新投资影响的回归结果分析。本书认为，高管团队人口特征与企业创新投资的关系会受到管理者权力的影响，实证回归结果如表5－5所示。本书将管理者权力分成结构权力、专家权力、声誉权力和权力积分四个变量进行度量。高管团队制定和选择的战略能够被企业采纳并落实到企业日常经营活动中受到管理者自主权大小的影响。

第一，管理者权力对高管团队平均年龄与企业创新投入的影响。表5－5第（1）～第（4）列的回归结果显示：第（1）列中高管团队平均年龄与首席执行官结构权力的交互项（$Mage \times Power_1$）不显著，这说明首席执行官结构权力过大的情况下，受到董事会的制约减弱，存在滥用职权的可能性，削弱了鼓励年轻高管团队积极进行创新项目投资的作用。第（2）列中高管团队平均年龄与首席执行官专家权力的交互项（$Mage \times Power_2$）不显著，这说明首席执行官具有较高的专家权力时，具有丰富的工作经验，可能推崇和遵循之前的成功经验，不愿意承担更大的风险而投资于创新项目，因而削弱了首席执行官专家权力对于年轻高管团队正向促进企业创新投资的作用，导致交互项系数不显著。第（3）列高管团队平均年龄与首席执行官声誉权力的交互项（$Mage \times Power_3$）对企业创新投资的回归系数为-0.0002（$T = -1.87$，$P < 0.1$），负向且显著，这说明具有较高学历的首席执行官重视自身的声誉，受到高管团队的尊敬，拥有较高的声誉权力。当首席执行官面对高风险性的创新研发项目时，一方面能够保持积极的投资战略决策态度；另一方面可以利用声誉权力得到年轻高管团队成员的认可和尊重，响应首席执行官的号召，因此，首席执行官声誉权力能够正向调节年轻高管团队对企业创新投资的促进作用。第（4）列高管团队平均年龄与首席执行官权力积分

表 5 - 5　首席执行官权力对高管团队人口特征与企业创新投资影响的回归分析

变量	Rd (1)	Rd (2)	Rd (3)	Rd (4)	Rd (5)	Rd (6)	Rd (7)	Rd (8)	Rd (9)	Rd (10)	Rd (11)	Rd (12)
-cons	0.115*** (7.82)	0.122*** (8.75)	0.087*** (3.91)	0.107*** (6.73)	0.091*** (7.16)	0.096*** (7.42)	0.099*** (7.66)	0.106*** (8.01)	0.105*** (7.90)	0.107*** (8.11)	0.112*** (8.53)	0.109*** (8.27)
Mage	-0.000 3* (-2.21)	-0.000 4*** (-3.79)	0.000 3 (0.70)	-0.000 07 (-0.33)								
Mdegree					0.012*** (10.14)	0.012*** (9.60)	0.010*** (7.65)	0.008*** (5.02)				
Mten									0.000 4 (0.88)	-0.000 4 (-0.71)	0.000 3 (0.53)	-0.000 8 (-1.34)
$Power_1$	0.009 (0.94)				-0.009* (-1.68)				0.000 3 (0.48)			
$Power_2$		0.000 06 (0.24)				-0.010* (-1.86)				0.000 4*** (-2.60)		
$Power_3$			0.012** (2.41)				-0.019*** (-3.15)				0.003** (2.35)	
$Power_4$				0.012** (2.22)				-0.011*** (-3.48)				0.000 2 (0.20)
Mage × $Power_1$	-0.000 2 (-0.88)											
Mage × $Power_2$		0.000 008 (0.29)										
Mage × $Power_3$			-0.000 2* (-1.87)									

续表

变量	Rd (1)	Rd (2)	Rd (3)	Rd (4)	Rd (5)	Rd (6)	Rd (7)	Rd (8)	Rd (9)	Rd (10)	Rd (11)	Rd (12)
Mage × $Power_4$				-0.000 2* (-1.92)								
Mdegree × $Power_1$					0.003* (1.89)							
Mdegree × $Power_2$						0.003** (2.01)						
Mdegree × $Power_3$							0.006*** (3.24)					
Mdegree × $Power_4$								0.003*** (3.72)				
Mten × $Power_1$									0.000 3 (0.48)			
Mten × $Power_2$										0.000 4*** (2.85)		
Mten × $Power_3$											0.000 3 (0.53)	
Mten × $Power_4$												0.000 6* (1.85)
Roa	0.030*** (4.50)	0.031*** (4.67)	0.030*** (4.62)	0.031*** (4.75)	0.029*** (4.58)	0.030*** (4.67)	0.028*** (4.48)	0.029*** (4.57)	0.032*** (4.79)	0.032*** (4.67)	0.032*** (4.81)	0.032*** (4.79)
Size	-0.005*** (-8.65)	-0.005*** (-8.74)	-0.005*** (-9.35)	-0.005*** (-9.09)	-0.006*** (-11.28)	-0.006*** (-11.50)	-0.006*** (-11.39)	-0.006*** (-11.49)	-0.005*** (-8.74)	-0.005*** (-8.73)	-0.006*** (-9.38)	-0.005*** (-8.95)

续表

变量	Rd (1)	Rd (2)	Rd (3)	Rd (4)	Rd (5)	Rd (6)	Rd (7)	Rd (8)	Rd (9)	Rd (10)	Rd (11)	Rd (12)
Lev	-0.002 (-0.72)	-0.002 (-0.66)	-0.0006 (-0.23)	-0.001 (-0.52)	0.002 (0.77)	0.002 (0.87)	0.002 (0.79)	0.002 (0.76)	-0.0009 (-0.38)	-0.001 (-0.42)	-0.0003 (-0.14)	-0.0008 (-0.31)
Indep	0.016 (1.94)	0.016* (1.96)	0.014* (1.72)	0.013 (1.64)	0.010 (1.25)	0.020 (1.29)	0.011 (1.36)	0.010 (1.27)	0.015* (1.78)	0.016* (1.90)	0.014* (1.69)	0.012 (1.52)
Board	0.0007* (2.02)	0.0006* (1.97)	0.0007** (2.12)	0.0006** (1.97)	0.0003 (1.07)	0.0003 (1.10)	0.0004 (1.13)	0.0004 (1.20)	0.0005 (1.63)	0.0005 (1.48)	0.0006* (1.84)	0.0005 (1.57)
Supervise	0.002** (3.21)	0.002** (3.24)	0.002*** (3.14)	0.002*** (3.24)	0.002*** (2.95)	0.002*** (2.85)	0.002** (2.44)	0.002*** (2.81)	0.002*** (3.09)	0.002*** (3.08)	0.002*** (2.83)	0.002*** (3.09)
Growth	-0.0002 (-0.17)	-0.0003 (-0.29)	-0.0005 (-0.48)	-0.0003 (-0.29)	-0.0003 (-0.34)	-0.0004 (-0.38)	-0.0003 (-0.28)	-0.0003 (-0.34)	0.00008 (0.08)	0.0002 (0.22)	-0.00006 (-0.06)	-0.00002 (-0.02)
Fcf	-0.002 (-0.32)	-0.001 (-0.20)	-0.002 (-0.32)	-0.001 (-0.20)	-0.0007 (-0.14)	-0.0004 (-0.09)	-0.005 (-0.11)	-0.0003 (-0.07)	-0.002 (-0.36)	-0.003 (-0.69)	-0.002 (-0.44)	-0.001 (-0.30)
Age	0.000002 (0.02)	-0.000003 (0.02)	0.00002 (0.26)	-0.00002 (-0.24)	0.000005 (0.05)	0.000001 (0.01)	0.00001 (0.15)	0.000006 (0.07)	-0.000005 (-0.62)	-0.000006 (-0.63)	-0.000003 (-0.39)	-0.000006 (-0.67)
行业	控制	控制	控制	控制	控制	控制	控制	控制	控制	控制	控制	控制
年度	控制	控制	控制	控制	控制	控制	控制	控制	控制	控制	控制	控制
观测样本	2755	2755	2755	2755	2755	2755	2755	2755	2755	2755	2755	2755
Adj-R²	0.243	0.243	0.260	0.248	0.300	0.300	0.301	0.302	0.240	0.241	0.250	0.246
F	27.74***	27.71***	30.26***	28.59***	36.71***	36.64***	36.90***	37.16***	27.28***	27.81***	28.79***	26.70***

注：括号内为 t 值；***、** 和 * 分别表示在 1%、5% 和 10% 水平上显著。

的交互项（Mage × Power$_4$）的回归系数为 -0.0002（T = -1.92，P < 0.1），负向且显著，这说明首席执行官权力积分水平正向调节年轻高管团队的创新投资水平，这是因为创业板企业涵盖了"两高六新"行业，一旦创新项目研发成功并转化后，占据市场的垄断地位，将会产生几何倍数增长的销售收入。因此，创业板企业非常重视自身创新能力的提升，创业板的首席执行官也对创新项目抱有积极的态度，在首席执行官的综合权力水平较高的情况下，能够激励年轻高管团队进一步实施企业创新投资活动。

第二，管理者权力对高管团队平均学历与企业创新投入的影响。表 5 - 5 中第（5）～第（8）列的回归结果显示：第（5）列高管团队平均学历与首席执行官结构权力变量交互项（Mdegree × Power$_1$）的回归系数为 0.003（T = 1.89，P < 0.1），正向显著。当董事长和总经理两职合一时，总经理权力较大，会削弱董事会对高管团队所制定决策的监督和制约的能力。此时以总经理为核心的高管团队拥有更大的权力，能够提高平均学历较高的高管团队成员制定的决策在企业中执行的概率。第（6）列高管团队平均学历与首席执行官专家权力变量交互项（Mdegree × Power$_2$）的回归系数为 0.003（T = 2.01，P < 0.05），正向显著。第（7）列高管团队平均学历与首席执行官声誉权力变量交互项（Mdegree × Power$_3$）的回归系数为 0.006（T = 3.24，P < 0.01），正向显著。第（8）列高管团队平均学历与首席执行官权力积分变量交互项（Mdegree × Power$_4$）的回归系数为 0.003（T = 3.72，P < 0.01），正向显著。管理者权力正向促进高管平均学历对于创新投资的正向作用。首席执行官权力能够强化高管团队平均学历对创新投资的积极作用。这说明当首席执行官权力较大时，可以促使首席执行官作为管理团队的核心与成员之间形成良性健康的互动，有利于提高企业研发决策质量，这与周建等（2013）、韩立岩和李慧（2009）的研究结论相一致。

第三，管理者权力对高管团队平均任期与创新投入的影响。表 5 - 5 中第（9）～第（12）列的回归结果显示：第（9）列高管团队平均任期与首席执行官结构权力变量交互项（Mten × Power$_1$）的回归系数不显著，可能的原因在于，首席执行官如果兼任董事长的情况下，首席执行官受到董事会的制约减弱，存在滥用职权的可能性，没有起到促进任期较长的高管团队成员实施创新投资活动的作用。第（10）列高管团队平均任期与首席执行官专家权力变量交互项（Mten × Power$_2$）的回归系数为 0.0004（T = 2.85，P < 0.01），正向显著。这说明首席执

行官拥有丰富的工作经验和专业知识时，能够与内部高管团队成员形成良好的沟通渠道，以首席执行官为核心的团队成员信息资源得到很好的配置，提高了企业创新投资力度。首席执行官专家权力正向调节高管团队任期对企业创新投资的促进作用。第（11）列高管团队平均任期与首席执行官声誉权力变量交互项（$Mten \times Power_3$）的回归系数不显著，说明声誉权力较高的首席执行官，学历程度较高，由于与其他高管之间存在学历方面的异质性，可能没有与任期较长的高管团队成员形成良好的沟通渠道，难以促进其进行科学合理的创新投资。第（12）列高管团队平均任期与首席执行官权力积分变量交互项（$Mten \times Power_4$）的回归系数为 0.0006（$T = 1.85$，$P < 0.1$），正向显著。这说明首席执行官权力积分强化高管团队任期对企业创新投资的促进作用。创业板上市公司大部分为民营企业，当高管团队成员任期较长时，高管在组织内部能够形成良好的沟通，而同时在企业外部建立了丰富的社会资本。当首席执行官综合权力水平较大时，能够促进高管团队形成良性沟通，利用任期较长高管团队所形成的外部社会资本将信息和资源引入企业中，同时首席执行官利用自身权力优势整合相关信息和资源，促进任期较长的高管团队根据以往形成的经验作出科学的企业创新投资战略。

（2）首席执行官权力下高管团队异质性与企业创新投资回归结果分析。以下是关于首席执行官权力对高管团队异质性与企业创新投资之间关系的回归结果和回归结果的结论分析，如表 5－6 所示。

表5－6　　首席执行官权力下高管团队异质性对企业创新投资的影响回归分析

变量	Rd	Rd	Rd	Rd
	(1)	(2)	(3)	(4)
_ cons	0.060 ***	0.070 ***	0.082 ***	0.094 ***
	(3.57)	(4.03)	(4.66)	(5.24)
Hage	0.139 ***	0.138 ***		
	(3.36)	(3.35)		
$Hage^2$	−0.128 ***	−0.128 ***		
	(−3.38)	(−3.34)		
Hdegree			0.092 **	0.076 *
			(2.18)	(1.82)
$Hdegree^2$			−0.098 ***	−0.071 **
			(−2.84)	(−2.03)
$Hage^2 \times Power_4$		0.0008		
		(0.18)		

续表

变量	Rd	Rd	Rd	Rd
	(1)	(2)	(3)	(4)
$Hdegree^2 \times Power_4$				-0.010 ***
				(-2.92)
$Power_4$		0.001		0.006 ***
		(0.98)		(3.97)
Roa	0.031 ***	0.031 ***	0.032 ***	0.031 ***
	(4.74)	(4.76)	(4.94)	(4.81)
Size	-0.005 ***	-0.005 ***	-0.005 ***	-0.006 ***
	(-8.74)	(-9.07)	(-9.11)	(-9.75)
Lev	-0.000 8	-0.000 6	-0.000 4	-0.000 3
	(-0.31)	(-0.26)	(-0.16)	(-0.12)
Indep	0.015 *	0.011	0.014 *	0.011
	(1.78)	(1.41)	(1.73)	(1.30)
Board	0.000 5	0.000 5	0.000 6 *	0.000 6 *
	(1.56)	(1.51)	(1.91)	(1.94)
Supervise	0.002 ***	0.002 ***	0.002 ***	0.002 **
	(3.24)	(3.21)	(2.65)	(2.59)
Growth	0.000 2	-0.000 07	0.000 1	-0.000 2
	(0.21)	(-0.07)	(0.10)	(-0.18)
Fcf	-0.002	-0.001	-0.002	-0.001
	(-0.34)	(-0.23)	(-0.36)	(-0.21)
Age	-0.000 02	-0.000 05	-0.000 05	-0.000 08
	(-0.26)	(-0.54)	(-0.59)	(-0.91)
控制变量	控制	控制	控制	控制
行业、年度	控制	控制	控制	控制
观测样本	2 755	2 755	2 755	2 755
Adj-R^2	0.242	0.247	0.252	0.261
F 值	29.90 ***	27.62 ***	30.95 ***	29.58 ***

注：括号内为 t 值；*** 、** 和 * 分别表示在 1% 、5% 和 10% 水平上显著。①P 值为 0.13 < 0.15；②P 值为 0.123 < 0.15。

表 5-6 的四个模型是以企业创新投资为被解释变量的回归结果，第（1）列和第（3）列是分别加入高管团队年龄异质性（Hage）和高管团队学历异质性（Hdegree）变量的一次项和二次项时的回归结果，两列的一次项显著为正，二次项显著为负，说明高管团队年龄异质性和学历异质性与企业创新投资呈现显著的倒"U"型关系。而第（2）列和第（4）列检验了首席执行官综合权力对高管团队年龄异质性、学历异质性与企业创新投资之间关系的调节作用。可以发现，第（2）列中高管团队年龄异质性一次项（Hage）的回归系数为 0.138，在 1% 水平上显著，二次项的系数为 -0.128，在 1% 水平上显著，再一次证明了高管团

队年龄异质性与企业创新投资呈现倒"U"型关系。而年龄异质性二次项与管理者权力积分的交互项 $Hage^2 \times Power_4$ 的系数不显著，说明管理者权力没有对年龄异质性起到正向调节作用，可能的原因在于首席执行官权力较大的情况能存在滥用职权的可能性，没有起到积极协调不同年龄高管团队成员之间沟通的作用，而且首席执行官为避免自身职位受到威胁而抑制企业创新投资的作用，抵消首席执行官积极促进企业创新投资的正向作用。第（4）列中的高管团队学历异质性（Hdegree）系数为 0.076，在 10% 水平上显著，学历异质性二次项（$Hdegree^2$）的系数为 -0.071，在 5% 水平上显著，再一次证明了高管团队学历异质性与企业创新投资的倒"U"型关系，交互项 $Hdegree^2 \times Power_4$ 系数为 -0.010，在 1% 水平上显著。结果表明，在不同首席执行官权力下，高管团队成员学历异质性与企业创新投资之间存在显著的差异。即首席执行官权力较大时高管团队学历异质性更加促进企业创新投资。这一结果表明，首席执行官权力较大的情况下高管团队学历异质性所产生的信息多元化特性更加能够促进企业创新投资。可能的原因在于：第一，首席执行官权力较大的情况下其能够统揽大局，权衡各方面的利弊得失后，促进高管团队异质性的多元化信息的传播和流动，综合考虑高管团队成员各方面的信息资源后，作出最佳的创新投资决策，强化了学历异质性对创新投资的促进作用。第二，创业板上市公司大多为"两高六新"行业，这类企业拥有较高的附加产值，一旦新产品和服务成功转化后，能够暂时占据市场的垄断地位，企业的收入也将会呈现几何倍数的增长趋势，获得的效益也是传统行业无法比拟的。正是这些特征，创业板企业非常重视公司的持续创新能力，高管团队和首席执行官也对创新的研发项目报以积极的态度，而且在首席执行官权力较大的情况下，董事会对高管团队的制约和监督会削弱，管理者也就是总经理的职权增大能够提高异质性高管团队作出的战略决策最终落实到企业行动中的概率，因此，首席执行官权力促进了信息多元化的异质性团队对企业创新投资的促进作用。

5.3.4 研究结论与启示

首席执行官权力的影响。一方面，首席执行官权力对高管团队特征与企业创新投资的影响。首席执行官综合权力能够正向调节年轻高管团队、平均学历较高和任期较长的高管团队对于企业创新投资的促进作用。这说明，在首席执行官综合权力较大的情况下，在企业中能够统揽大局，站在企业长远发展的战略高度上制定决策，促进不同高管团队积极进行创新投资，提升企业核心竞争力。企业中首席执行官结构权力正向促进高管团队人口特征中高管平均学历对企业创新投资决策的正向促进作用。首席执行官专家权力能够正向促进高管团队人口特征中高管平均学历和平均任期对企业创新投资的正向促进作用。首席执行官声誉权力能够正向调节高管团队平均年龄越小和平均学历越高对企业创新投资的促进作用。这说明在一定程度上应该加强首席执行官权力，给予其充分的决策权。另一方面，首席执行官权力对高管团队异质性与企业创新投资的影响研究。研究发现，在既定高管团队异质性水平下，相比首席执行官权力较小的企业，高管团队学历异质性对首席执行官权力较大的企业创新投资有更强的促进作用。因此，以上研究支持 H2，部分支持 H2a，支持 H2b，支持 H2c，部分支持 H3。

5.4 稳健性检验

5.4.1 首席执行官综合权力影响高管团队特征与企业创新投资关系的稳健性检验

为了验证本章结论的稳健性，本章进行了以下稳健性测试。

（1）逐步减少控制变量的稳健性检验。表 5 - 7 主要列示的是减少控制变量中的总资产收益率（Roa）后进行回归分析的结果，其中，反映模型整体回归效果的 Adj-R^2 和 F 值较好，且 F 值都在 1% 水平上显著，证明模型的拟合度较高，发现首席执行官权力对高管团队人口特征与企业创新投资关系的影响与前面研究结果基本一致，说明研究结果具有稳健性。另外，分别删除其他控制变量后的回归结果也基本与前面一致。

（2）改变样本选取时间，分别只删除 2009 年、2010 年、2011 年、2012 年、2013 年、2014 年、2015 年和 2016 年后的样本指标重新进行回归，结果变化不大。另外，考虑到模型中包括交互项可能会产生多重共线性问题，本书将构造交互项的变量进行中心化后再相乘，发现回归结果没有发生根本性改变。

表 5-7　首席执行官权力对高管团队人口特征与企业创新投资影响的稳健性检验（删除控制变量 Roa）

变量	Rd (1)	Rd (2)	Rd (3)	Rd (4)	Rd (5)	Rd (6)	Rd (7)	Rd (8)	Rd (9)	Rd (10)	Rd (11)	Rd (12)
_cons	0.123 *** (8.41)	0.131 *** (8.87)	0.123 *** (8.48)	0.116 *** (7.33)	0.100 *** (7.87)	0.104 *** (8.10)	0.108 *** (8.45)	0.115 *** (8.78)	0.111 *** (8.43)	0.112 *** (8.55)	0.119 *** (9.11)	0.116 *** (8.84)
Mage	-0.000 3 ** (-2.13)	-0.000 5 *** (-2.95)	-0.000 1 (-0.88)	-0.000 07 (-0.32)								
Mdegree					0.012 *** (10.17)	0.011 *** (9.48)	0.010 *** (7.50)	0.008 *** (4.89)				
Mten									0.000 06 (0.14)	-0.001 ** (-2.51)	-0.000 1 (-0.29)	-0.001 ** (-2.00)
Power$_1$	0.011 (1.13)				-0.009 (-1.61)				0.000 8 (0.54)			
Power$_2$		-0.002 (-0.17)				-0.012 * (-2.12)				-0.008 *** (-3.65)		
Power$_3$			0.030 *** (3.00)				-0.021 *** (-3.39)				0.003 ** (2.32)	
Power$_4$				0.012 ** (2.29)				-0.011 *** (-3.70)				0.000 2 (0.21)
Mage × Power$_1$	-0.000 2 (-1.06)											
Mage × Power$_2$		0.000 04 (0.18)										
Mage × Power$_3$			-0.000 6 *** (-2.60)									

续表

变量	Rd (1)	Rd (2)	Rd (3)	Rd (4)	Rd (5)	Rd (6)	Rd (7)	Rd (8)	Rd (9)	Rd (10)	Rd (11)	Rd (12)
Mage × $Power_4$				$-0.000\ 2^{**}$ (−2.01)								
Mdegree × $Power_1$					0.003^{*} (1.85)							
Mdegree × $Power_2$						0.004^{*} (2.18)						
Mdegree × $Power_3$							0.006^{***} (3.48)					
Mdegree × $Power_4$								0.004^{***} (3.91)				
Mten × $Power_1$									$0.000\ 1$ (0.23)			
Mten × $Power_2$										0.003^{***} (4.02)		
Mten × $Power_3$											$0.000\ 3$ (0.58)	
Mten × $Power_4$												$0.000\ 2^{*}$ (0.21)
Size	-0.005^{***} (−9.33)	-0.005^{***} (−9.32)	-0.006^{***} (−10.01)	-0.006^{***} (−9.79)	-0.007^{***} (−11.99)	-0.007^{***} (−12.09)	-0.007^{***} (−12.09)	-0.007^{***} (−12.19)	-0.005^{***} (−9.09)	-0.005^{***} (−8.84)	-0.006^{***} (−9.75)	-0.005^{***} (−9.32)
Lev	-0.003 (−1.05)	-0.003 (−1.06)	-0.002 (−0.92)	-0.002 (−0.89)	0.001 (0.43)	0.001 (0.47)	0.001 (0.46)	0.001 (0.41)	-0.002 (−0.86)	-0.002 (−0.93)	-0.002 (−0.62)	-0.002 (−0.79)

续表

变量	Rd(1)	Rd(2)	Rd(3)	Rd(4)	Rd(5)	Rd(6)	Rd(7)	Rd(8)	Rd(9)	Rd(10)	Rd(11)	Rd(12)
Indep	0.017** (2.06)	0.018** (2.14)	0.015* (1.89)	0.015* (1.80)	0.011 (1.37)	0.011 (1.45)	0.012 (1.49)	0.011 (1.42)	0.016* (1.89)	0.016* (1.93)	0.015* (1.81)	0.013 (1.63)
Board	0.000 8** (2.35)	0.000 8** (2.36)	0.000 8** (2.53)	0.000 8** (2.33)	0.000 4 (1.40)	0.000 5 (1.46)	0.000 5 (1.46)	0.000 5 (1.54)	0.000 6** (1.96)	0.000 5* (1.68)	0.000 7** (2.17)	0.000 6* (1.90)
Supervise	0.002*** (306)	0.002*** (3.02)	0.002*** (2.84)	0.002*** (3.08)	0.002*** (2.80)	0.002*** (2.67)	0.001** (2.27)	0.002*** (2.65)	0.002*** (2.92)	0.002*** (2.88)	0.002*** (2.65)	0.002*** (2.91)
Growth	0.000 9 (0.93)	0.000 9 (0.95)	0.000 9 (0.88)	0.000 9 (0.88)	0.000 7 (0.78)	0.000 8 (0.79)	0.000 8 (0.82)	0.000 7 (0.79)	0.001 (1.28)	0.001 (1.37)	0.001 (1.14)	0.001 17 (1.18)
Fcf	0.004 (0.97)	0.004 (0.93)	0.004 (0.90)	0.005 (1.15)	0.005 (1.18)	0.005 (1.23)	0.005 (1.18)	0.005 (1.23)	0.005 (1.01)	0.002 (0.51)	0.004 (0.92)	0.005 (1.07)
Age	-0.000 01 (-0.19)	-0.000 02 (-0.17)	-0.000 01 (-0.16)	-0.000 04 (-0.44)	-0.000 01 (-0.17)	-0.000 01 (-0.15)	-0.000 004 (-0.05)	-0.000 01 (-0.12)	-0.000 06 (-0.72)	-0.000 06 (-0.68)	-0.000 04 (-0.49)	-0.000 07 (-0.77)
行业	控制	控制	控制	控制	控制	控制	控制	控制	控制	控制	控制	控制
年度	控制	控制	控制	控制	控制	控制	控制	控制	控制	控制	控制	控制
观测样本	2 755	2 755	2 755	2 755	2 755	2 755	2 755	2 755	2 755	2 755	2 755	2 755
Adj-R²	0.237	0.237	0.249	0.243	0.295	0.294	0.301	0.302	0.233	0.237	0.244	0.239
F	27.78***	27.68***	29.53***	28.55***	36.93***	36.82***	36.90***	37.16***	27.19***	27.74***	28.73***	28.09***

注：括号内为t值；***、**和*分别表示在1%、5%和10%水平上显著。

（3）采用公司营业收入标准化创新投资指标，首席执行官权力变量采用主成分分析方法后，重新进行回归分析，结果基本与前面一致，证明了研究结论的稳健性。

5.4.2 首席执行官综合权力影响高管团队异质性与企业创新投资关系的稳健性检验

为了验证首席执行官权力对高管团队异质性与企业创新投资关系影响的结论的稳健性，本章进行了以下稳健性测试。

一是采用逐步减少控制变量进行稳健性检验。如表 5 - 8 所示，第（1）列和第（2）列分别删除了总资产收益率（Roa）控制变量后，$Hdegree^2 \times Power_4$ 的系数为 - 0.011，并在 1% 水平上显著，说明管理者权力正向调节高管团队学历异质性与企业创新投资之间的关系。第（3）列和第（4）列分别删除了总资产收益率（Roa）和公司规模（Size）控制变量后，$Hdegree^2 \times Power_4$ 的系数为 - 0.009，并在 5% 水平上显著，说明首席执行官综合权力正向调节高管团队学历异质性与企业创新投资之间的关系，结论仍然与前面一致。同样逐个删除其他控制变量，结论仍一致。

表 5 - 8 高管团队异质性、管理者权力对企业创新投资的影响回归分析（删除控制变量）

变量	Rd	Rd	Rd	Rd
	(1)	(2)	(3)	(4)
_ cons	0.078 ***	0.102 ***	- 0.033 **	0.014
	(4.53)	(5.68)	(- 2.53)	(- 0.97)
Hage	0.142 ***		0.150 ***	
	(3.43)		(3.56)	
$Hage^2$	- 0.133 ***		- 0.146 ***	
	(- 3.45)		(- 3.73)	
Hdegree		0.080 *		0.074 *
		(- 2.07)		(1.72)
$Hdegree^2$		- 0.073 **		- 0.069 *
		(- 2.07)		(- 1.93)
$Hage^2 \times Power_4$	0.001		0.003	
	(0.21)		(0.61)	
$Hdegree^2 \times Power_4$		- 0.011 ***		- 0.009 **
		(- 3.10)		(- 2.49)

续表

变量	Rd	Rd	Rd	Rd
	(1)	(2)	(3)	(4)
$Power_4$	0.001	0.006 ***	0.0004	0.005 ***
	(0.90)	(4.10)	(0.29)	(3.28)
Roa				
Size	−0.006 ***	−0.006 ***		
	(−9.73)	(−10.48)		
Lev	−0.001	−0.001	−0.006 **	−0.006 ***
	(−0.61)	(−0.49)	(−2.58)	(−2.66)
Indep	0.013	0.012	0.012	0.011
	(1.56)	(1.46)	(1.43)	(1.34)
Board	0.000 6 *	0.000 7 **	0.000 2	0.000 3
	(1.84)	(2.30)	(0.58)	(0.95)
Supervise	0.002 ***	0.002 **	0.002 ***	0.002 **
	(3.04)	(2.42)	(2.93)	(2.37)
Growth	0.001	0.001	−0.000 7	−0.001
	(1.11)	(1.02)	(−0.71)	(−0.92)
Fcf	0.005	0.005	0.007	0.007
	(1.13)	(1.16)	(1.45)	(1.51)
Age	−0.000 07	−0.000 1	−0.000 07	−0.000 1
	(−0.75)	(−1.13)	(−0.77)	(−1.17)
控制变量	控制	控制	控制	控制
行业、年度	控制	控制	控制	控制
观测样本	2 755	2 755	2 755	2 755
Adj-R^2	0.241	0.255	0.215	0.225
F 值	27.55 ***	29.53 ***	24.61 ***	25.99 ***

注：括号内为 t 值；***、** 和 * 分别表示在 1%、5% 和 10% 水平上显著。

二是改变样本选取时间，分别只删除 2009 年、2010 年、2011 年、2012 年、2013 年、2014 年、2015 年和 2016 年后的样本指标重新进行回归，结果变化不大，表 5-9 的第（1）列和第（2）列是只删除 2009 年数据样本后的回归结果，$Hage^2 \times Power_4$ 的回归系数不显著，$Hdegree^2 \times Power_4$ 的回归系数为 −0.011（T = −3.11，P < 0.01），这说明首席执行官综合权力积分正向调节高管团队成员学历异质性与企业创新投资之间的关系。第（3）列和第（4）列是只删除 2010 年数据样本后的回归结果，$Hage^2 \times Power_4$ 的回归系数不显著，而 $Hdegree^2 \times Power_4$ 的回归系数为 −0.012（T = −3.29，P < 0.01），这说明首席执行官综合权力积分正向调节高管团队成员学历异质性与企业创新投资之间的关系，其他年份回归结果一致。

表 5 - 9　　　　　　　　　高管团队异质性、管理者权力对
　　　　　　　　　　　企业创新投资的影响回归分析（删除年份）

变量	Rd（删除 2009 年样本）	Rd（删除 2009 年样本）	Rd（删除 2010 年样本）	Rd（删除 2010 年样本）
	(1)	(2)	(3)	(4)
_ cons	0.072 *** (4.16)	0.094 *** (5.23)	0.066 *** (3.65)	0.083 *** (4.96)
Hage	0.135 *** (3.23)		0.140 *** (3.24)	
$Hage^2$	− 0.127 *** (− 3.25)		− 0.132 *** (− 3.27)	
Hdegree		0.080 * (1.89)		0.069 * (1.57)
$Hdegree^2$		− 0.072 ** (− 2.05)		− 0.062 * (− 1.69)
$Hage^2 \times Power_4$	0.000 6 (0.14)		0.000 2 (0.04)	
$Hdegree^2 \times Power_4$		− 0.011 *** (− 3.11)		− 0.012 *** (− 3.29)
$Power_4$	0.001 (0.95)	0.006 *** (4.09)	0.002 (1.01)	0.007 *** (4.23)
控制变量				
行业、年度				
观测样本	2 700	2 700	2 574	2 574
$Adj\text{-}R^2$	0.240	0.253	0.236	0.250
F 值	27.57 ***	29.55 ***	25.83 ***	27.77 ***

注：括号内为 t 值；*** 、** 和 * 分别表示在 1%、5% 和 10% 水平上显著。

　　三是采用替换关键变量的方法进一步进行稳健性检验，利用公司营业收入标准化创新投资指标，重新进行回归分析，如表 5 - 10 所示，发现第（2）列中 $Hdegree^2 \times Power_4$ 的回归系数为 − 0.021，并在 5% 水平上显著，这说明首席执行官综合权力正向调节高管团队学历异质性与企业创新投资之间的关系。

表 5 - 10　　　　　　　　高管团队异质性、管理者权力对
　　　　　　　　　　　企业创新投资的影响回归分析（替换 Rd 变量）

变量	Rd	Rd
	(1)	(2)
_ cons	− 0.092 * (− 1.78)	− 0.134 ** (− 2.51)
Hage	0.262 ** (2.13)	
$Hage^2$	− 0.229 ** (− 2.00)	

续表

变量	Rd	Rd
	(1)	(2)
Hdegree		0.478 ***
		(3.81)
Hdegree^2		-0.417 ***
		(-3.98)
Hage^2 × Power$_4$	0.002	
	(0.15)	
Hdegree^2 × Power$_4$		-0.021 **
		(-1.97)
Power$_4$	0.003	0.013 ***
	(0.75)	(2.77)
Roa	-0.154 ***	-0.157 ***
	(-7.85)	(-8.06)
Size	0.004 **	0.004 **
	(2.47)	(2.12)
Lev	-0.100 ***	-0.100 ***
	(-13.72)	(-13.77)
Indep	-0.016	0.015
	(0.66)	(0.62)
Board	0.000 2	0.000 6
	(0.26)	(0.58)
Supervise	0.006 ***	0.005 ***
	(3.28)	(2.63)
Growth	-0.009 ***	-0.009 ***
	(-3.05)	(-3.17)
Fcf	-0.004	-0.004
	(-0.30)	(-0.29)
Age	-0.000 8 ***	-0.000 9 ***
	(-3.19)	(-3.58)
控制变量	控制	控制
行业、年度	控制	控制
观测样本	2 755	2 755
Adj-R^2	0.261	0.273
F 值	29.65 ***	31.48 ***

注: 括号内为t值; ***、** 和 * 分别表示在1%、5%和10%水平上显著。

5.5　本章小结

本章主要在理论分析的基础上，系统地提出了本章的研究假设，假设的内容是首席执行官权力对高管团队特征及异质性不同情况下对企业创新投资的影响。然后介绍了实证研究中的样本选择及数据来源，通过剔除不符合要求的样本后，共得到 2 755 个创业板公司的数据。本章重点对研究过程中的自变量、因变量、调节变量以及控制变量的定义进行了系统和详尽的描述与分析，并结合研究内容建立了多元回归分析模型；进一步分析了管理者权力对高管团队人口特征及异质性与企业创新投资关系的影响；通过对关键变量重新赋值，并更换样本选择空间，对以上结果进行了稳健性检验，实证结果和稳健性检验支持了本书研究中的绝大部分的假设。

第6章　基于环境不确定性的高管团队特征及异质性对企业创新投资影响的实证研究

6.1　理论分析与研究假设

6.1.1　环境不确定性与企业创新投资

李大元（2010）回顾发现，学者研究多从环境动态性与环境敌对性两个维度对不确定性进行解构。邓肯（Duncan，1972）认为，环境不确定性是解释组织状态的一个重要变量，将其划分为复杂性和动态性两个维度。复杂性是指对环境各要素间差异性的反映，当组织面临环境中较多信息冲击时，组织处理信息会异常困难复杂。本书借鉴以往学者的研究，将环境不确定性分为环境动态性和丰富性，动态性和丰富性这两个维度分别对应环境不确定性的两个来源，即信息和资源。环境动态性是指外部环境随时间推移而发生变化的程度，外部环境动态变化的速率越快，组织越可能获得不充分或模糊的信息，导致战略行动出现时滞，通常指的是外部环境中获取的信息程度。环境丰富性是指外部环境为组织提供支持的程度，也有学者把它叫作环境的敌对性，但它的内容与环境丰富性正好相反。外部环境的丰富性程度越高，组织则可能更多地控制环境中的关键资源，因此，环境丰富性一般指对于外部资源的获取。关于创新方面的文献认为，当组织面临外部的不确定性增加时，组织倾向于追求更加主动和竞争性的战略措施。外部环境动态、复杂和敌对的情况下会激发高管的冒险、创新的企业家精神，使组织选择通过引进新产品或新程序来保护自身的市场地位。但是本书认为，企业感知不同环境不确定性的能力会使企业创新活动选择不同，因而对创新活动的影响也存在很大差异。

（1）关于环境动态性对企业创新投入的影响。组织在有限理性下，当环境动态性程度较高时，企业无法快速改变而适应迅速变化的环境，可能会选择比较保守稳定的创新战略，从而导致创新力度下降。约克和文卡塔拉曼（York & Venkataraman，2010）也认为，不确定会降低企业产品创新的可能性。组织在激烈市场竞争环境中生存时，会面临较大的竞争压力，组织更倾向于选择保留企业资金的战略，而在风险性较高的创新活动方面投入较少资金，将资金主要用于提高生产率、减少库存商品、降低产品成本等方面。这是因为创新需要投入大量的人力和物力，且前期研发过程的投入资金巨大，同时未来收益具有较强的不确定性，增加了沉没成本的可能性。因此，企业在动态性程度较高的环境中一般不会冒险进行创新活动，因为一旦创新失败，很难收回创新投资的成本，使企业可能丧失现有的竞争地位。当企业感知外部环境动态性时，可能会采取非创新活动，例如增强与其他企业的合作关系等。因此，本书认为，环境动态性对企业创新投资具有负向抑制作用。

（2）关于环境丰富性对企业创新投入的影响。基于资源基础观的视角，企业持续地创新和稳定地成长离不开一定的资源保障，资源一部分来源于企业内部的积累；另一部分则来源于外部环境的提供。只有持续、独特而难以模仿替代的资源才能够维持企业持续的竞争优势。环境丰富性主要反映环境能够提供给组织运行和发展的资源支持的多寡。当环境丰富性程度较高时，企业从外部环境中获得资源的成本较低，外部环境对企业融资的约束较小，企业容易获得外部资源的支持，这为企业的创新活动提供了必要的条件。当环境丰富性程度较低时，那么组织就会受到敌对的外部环境的资源约束，使组织丧失创新的动力和资源支持，发生融资约束现象。施罗特和萨莱（Schroth & Szalay，2010）、鲍里索娃和布朗（Borisova & Brown，2013）、韩剑和严兵（2013）的研究都证明了融资约束受限于企业自身的现金流，制约着企业的研发创新活动。因此，本书认为，环境丰富性对企业创新投资具有正向促进作用。

综上所述，提出以下假设。

H4a：环境动态性对企业创新投资具有负向抑制作用，环境丰富性对企业创新投资具有正向促进作用。

6.1.2 环境不确定性与高管团队人口特征对企业创新投资的影响

年轻的高管团队具有冒险精神和风险承担能力,一方面,在外部环境动态性程度较高的情况下,增加了创新决策失败的概率,而年轻高管团队会更多表现为风险的追求和承担,因此,环境动态性提高了年轻高管团队对企业创新投资的促进作用。另一方面,在外部环境丰富性程度较高的情况下,年轻高管团队缺乏经验,并且在企业外部没有建立丰富的社会网络和政治资源,无法充分利用环境所提供的丰富资源,因而削弱了环境丰富性对年轻高管团队创新投资的促进作用,环境丰富性对年轻高管团队创新投资的作用不显著。

学历教育反映高管认知和信息处理能力,因而影响公司内部战略选择,对创新战略偏好产生重要影响。一方面在外部环境动态性和敌对性程度较高的情况下,高学历的高管由于自身丰富的知识、经验以及信息处理能力能够准确识别和利用外部环境中的有用信息,为了应对外部环境的纷繁变化,激励企业经营运作效率的提升,降低企业的竞争风险,高学历的高管团队更可能倾向于采取积极的创新战略来应对,为不断提升组织核心竞争力而实施创新活动。另一方面在环境丰富性程度较高的情况下,高学历高管团队能够凭借知识和技术方面的经验,作出科学合理的战略决策,积极利用外部环境资源实施创新活动。因此,本书认为,在环境动态性和丰富性程度较高的情况下,强化了高学历高管对于企业创新投资的促进作用。

组织受制于理性标准的开放性系统构想由汤普森(Thompson,1967)提出,基于开放性系统的视角,组织战略的制定和实施过程与其所处的环境紧密相连。组织中的高管团队在制定战略和创新投资策略时,必须考虑环境因素所带来的影响。一方面,在环境动态性程度较高的情况下,外部纷繁复杂的信息和经营环境会影响组织内高管团队成员对公司自身状态的判断,增加了组织作出错误战略决策的风险,决策变得更加困难。此时信息的来源和质量非常重要,任期较长的高管团队拥有较多的工作经验,并且与内部团队成员经过长时间的磨合,形成良好的沟通渠道,在组织外部也建立了丰富的社会网络和政治资源,能够为企业带来价值多元化的信息和观点,为高管团队内部创新战略作出更多的贡献。而且任期较长的高管团队具有丰富的内外部资源导致其权威性增强，强化了其他高管对任期较长高管的尊敬、认同、顺从和依附，进而高管团队内部非正式的交流、沟通变得更加顺畅和高效，提高公司创新投资决策的质量。另一方面，在环境丰富性程度较高的情况下，任期较长的高管也能凭借自身在组织外部环境中所建立的资源，更好地为企业创新战略提供丰富的信息和资源，同时在企业内部与其他高管之间形成良好沟通渠道，也能够提高企业创新战略的决策质量。因此，本书认为，环境动态性和丰富性程度越高，任期较长的高管团队对企业创新投资的正向促进作用越显著。

综上所述，提出以下假设。

H4b：环境动态性正向调节年轻高管团队对企业创新投资的促进作用，而环境丰富性对年轻高管团队的企业创新投资不具有促进作用；环境不确定性中的动态性和丰富性正向调节高管团队平均学历和平均任期对企业创新投资的促进作用。

也就是说，环境动态性强化了年轻高管团队的创新投资水平；环境丰富性和环境动态性程度较高的情况下，高管团队人口特征中的平均学历和平均任期对企业创新投资的促进作用越显著；环境不确定性强化了高管团队平均学历和高管团队平均任期对企业创新投资的促进效应。

6.1.3 环境不确定性与高管团队异质性对企业创新投资的影响

高管的行为是个体与环境互动的产物，因此，创新决策受到高管个人因素和外部环境的双重影响和制约。外部环境动态性和敌对性程度升高会增加企业获取外部信息和资源的难度，一方面加大了企业信息不对称程度，企业对于管理层的监督难度增强；另一方面在企业外部形成较大的压力增加了企业与其他企业的竞争风险。异质性程度较高的高管团队信息资源更加多元化，环境的动态性和敌对性的变化给企业带来的威胁，企业高管团队无法获得外部动态和敌对环境的信息和资源，抑制了高管团队成员通过产品和技术创新活动的革新来应对环境变化的冲击。在企业外部环境动态性较低而环境丰富性程度较高的情况下，异质性的高管团队成员可以有效地获得外部环境的信息和资源，缓解融资约束现象，使企业拥有稳定资源进行创新项目投资，提高自身的核心竞争力，保持企业持续稳定的竞争优势。

　　高管团队由不同年龄段成员组成，内部信息资源呈现多元化，年轻高管具有风险承受能力、较高学历和创新动力，会影响和促进年龄大的高管的创新意识和行为。但在外部环境动态性较高的情况下，加强了企业内外部信息的不对称性，增强了异质性高管团队的外部信息获取难度，因而环境动态性削弱了团队年龄异质性对企业创新投资的促进作用。而在环境丰富性程度较高的情况下，根据资源依赖理论企业外部资源丰富，企业异质性高管团队具有信息多元化的优势容易获得外部资源的支持，从而积极实施企业的创新投资战略。

　　高管团队由不同学历成员组成，会影响高管的思维方式、决策方式以及信息收集渠道。高管团队成员学历异质性能够为企业带来多元化的信息资源，团队成员可以通过互动达到知识共享，异质性高管团队有利于增强和丰富团队的社会认知视野。当环境动态性较高的情况下，外部信息资源变化剧烈，影响限制异质性高管团队的信息获取，发生内外部信息不对称，削弱了学历异质性高管团队成员的创新投资。在外部环境丰富性程度较高的情况，外部环境可以给予企业丰富的资源支持，促进学历异质性高管团队成员利用企业内外部资源实施创新投资。

　　综上所述，提出以下假设。

　　H4c：在既定高管团队异质性水平下，相比环境动态性较高的情况下，高管团队年龄和学历异质性在环境动态性较低的情况下对企业创新投资有更强的促进作用；在既定高管团队异质性水平下，相比环境丰富性较低的情况下，高管团队年龄和学历异质性在环境丰富性较高的情况下对企业创新投资有更强的促进作用。

6.2　研究设计

6.2.1　样本选择与数据来源

　　由于环境不确定性数据在计算时需要近 5 年的营业收入指标，因而考虑环境不确定性对高管团队特征及异质性与企业创新投资影响时从 2013 年开始选取，并剔除数据缺失的样本以及 ST 或 *ST，选取 2013 ~ 2016 年创业板企业的 820 家数据进行分析，其中 2013 年 35 家，2014 年 151 家，2015 年 280 家，2016 年 354 家，处理过程中为了消除极端值对整体样本回归结果的影响，对使用的主要连续变量在 1% ~ 99% 水平上进行了 Winsorize 缩尾处理。采用 Stata14.0 软件对创业板的非平衡面板数据样本进行多元回归分析。本书的研究与开发投入指标数据是由笔者阅读年报手工整理获得，高层管理团队成员包括公司的董事会、监事会及高级管理人员，高管团队背景特征相关数据根据国泰安数据库中高管简历和新浪网（http：//finance. sina. com. cn）的网站信息手工收集得到，其他数据全部来自 WIND 和 CSMAR 数据库。

6.2.2　变量定义

第一，自变量为高管团队特征变量（M）和高管团队异质性（H），M 和 H 包括的内容与第 5 章相同。第二，因变量为企业创新投资（Rd）。第三，控制变量为资产收益率（Roa）、公司规模（Size）、资产负债率（Lev）、销售收入增长率（Growth）、自由现金流量（Fcf）、公司成立时间（Age）、独立董事比利（Indep）、董事会规模（Board）、监事会规模（Supervise）、行业（Ind）和年份（Year）。第四，调节变量为环境不确定性。环境不确定性主要反映了环境动态性（Eu）和环境丰富性（Ef）。本书借鉴武立东和王凯（2014）的度量方法，利用公司连续 5 年的销售额进行回归，自变量设为 1 ~ 5，当年度的自变量为 5，离本年度最远的那一年自变量为 1。用回归系数的标准差除以 5 年销售额的均值即为本书要测量的环境动态性。环境丰富性的测量方法也是进行前述的回归，回归的斜率系数除以均值即为环境丰富性。由于在计算环境动态性和丰富性的时候，需要公司连续 5 年的营业收入，创业板 2009 年正式上市，因而仅可以计算 2013 年、2014 年、2015 年和 2016 年这 4 年的环境动态性和丰富性指标。表 6 - 1 列示了具体的变量定义情况。

表 6 - 1			主要变量定义
变量类型	变量符号	变量名称	变量定义
被解释变量	Rd	研发强度	研究与开发投入额/总资产

续表

变量类型	变量符号	变量名称	变量定义
解释变量	Mage	高管团队平均年龄	高管团队的年龄之和除以高管团队总人数
	Mdegree	高管团队平均学历	高管团队学历之和除以高管团队总人数。其中，高管的学历为中专及以下取 1，大专取 2，本科取 3，硕士取 4，博士取 5
	Mten	高管团队平均任期	高管团队任期之和除以高管团队总人数。其中，高管任期为高管担任现职的时间
	Hage	高管团队年龄异质性	将高管年龄进行分类，划分为五种类型，包括 20 岁以下、21～30 岁、31～40 岁、41～50 岁和 50 岁以上，并采用 Herfindal-Hirschman 系数进行测度，即 $H = 1 - \sum p^2$
	Hdegree	高管团队学历异质性	将高管团队的教育水平划分为五种类型，分别是高中及以下、大专、本科、硕士和博士及以上，并采用 Herfind-al-Hirschman 系数进行测度，即 $H = 1 - \sum p^2$
	Hten	高管团队任期异质性	高管团队成员的任期划分为五个时间段，包括 1 年以内、1～2 年、2～3 年、3～5 年和 5 年以上，并采用 Herfian-dal-Hirschman 系数进行测度，即 $H = 1 - \sum p^2$
调节变量	Eu	动态性	以营业收入为因变量、年度为自变量进行回归，用回归系数的标准差除以营业收入的均值。当该值大于等于中位数时，取 1；小于中位数时，取 0
	Ef	丰富性	以营业收入为因变量、年度为自变量进行回归，用回归系数除以营业收入的均值。当该值大于中位数时，取 1；小于中位数时，取 0
控制变量	Roa	资产收益率	上年净利润/总资产
	Size	公司规模	总资产的自然对数
	Lev	资产负债率	负债总额/资产总额
	Growth	销售收入增长率	（期末营业收入－期初营业收入）/期初营业收入
	Fcf	自由现金流量	（经营活动产生的现金流量净额－购买固定资产等现金流量）/总资产
	Board	董事会规模	董事会总人数
	Supervise	监事会规模	监事会总人数
	Indep	独立董事比例	独立董事人数/董事会人数
	Age	公司成立时间	公司年龄
	Ind	行业	根据《上市公司行业分类指引》，创业板分成 13 个行业大类，以制造业创业板为参照系，设置 12 个虚拟变量
	Year	年度	全样本以 2013 年为参照系，设置 2014 年、2015 年和 2016 年 3 个虚拟变量

6.2.3　多元回归模型设计

根据以上论述，本书借鉴以往学者的研究选取控制变量，构建式（6－1）

和式（6-2），探讨环境不确定性中的动态性和丰富性对高管团队特征及异质性对企业创新投资影响的调节作用。即：

$$Rd_{i,t} = \beta_0 + \beta_1 Mage_{i,t} + \beta_2 Mdegree_{i,t} + \beta_3 Mten_{i,t} + \beta_4 Roa_{i,t} + \beta_5 Size_{i,t}$$
$$+ \beta_6 Growth_{i,t} + \beta_7 Supervise_{i,t} + \beta_8 Board_{i,t} + \beta_9 Indep_{i,t} + \beta_{10} Lev_{i,t}$$
$$+ \beta_{11} Fcf_{i,t} + \beta_{12} Age_{i,t} + \sum Year + \sum Ind + \varepsilon_{i,t} \qquad (6-1)$$

$$Rd_{i,t} = \beta_0 + \beta_1 Hage_{i,t}(Hdegree_{i,t}) + \beta_2 Hage_{i,t}(Hdegree_{i,t}) \times Hage_{i,t}(Hdegree_{i,t})$$
$$+ \beta_3 Hage_{i,t}(Hdegree_{i,t}) \times Hage_{i,t}(Hdegree_{i,t}) \times Eu_{it}(Ef_{it}) + \beta_4 Eu_{it}(Ef_{it})$$
$$+ \beta_5 Roa_{i,t} + \beta_6 Size_{i,t} + \beta_7 Growth_{i,t} + \beta_8 Supervise_{i,t} + \beta_9 Board_{i,t}$$
$$+ \beta_{10} Indep_{i,t} + \beta_{11} Lev_{i,t} + \beta_{12} Fcf_{i,t} + \beta_{13} Age_{i,t} + \sum Year + \sum Ind + \varepsilon_{i,t}$$
$$(6-2)$$

需要说明的情况是，本书将高管团队特征变量利用式（6-1）单独进行回归分析，利用环境动态性和丰富性对样本数据进行分组并进行回归分析。高管团队特征异质性各个指标分别代入式（6-2）中，并加入环境不确定性的调节变量，利用式（6-2）进行回归分析。

6.3 实证结果分析

6.3.1 描述性统计分析

表6-2列示了各变量描述性统计分析情况，数据结果显示：（1）创业板的企业研究与开发投入占总资产比例（Rd）的均值为0.025，其波动区间为0~0.094，标准差为0.018，说明我国创业板的企业研发投资水平需要进一步提升。（2）高管平均年龄为47.598岁，说明高管年龄基本在中年以上。而企业平均学历（Mdegree）的均值为3.392，证明高管基本为本科学历以上。平均任期（Mten）的均值为3.400，这可能由于创业板企业大多是一些初创企业，因而高管任期时间普遍较短。（3）全部企业平均异质性指标中，年龄异质性（Hage）均值为0.593，学历异质性（Hdegree）均值为0.642，任期异质性（Hten）均值为0.744，通过对几个指标比较发现，任期异质性最大，年龄异质性水平最低。

（4）环境动态性（Eu）均值为 0.492，波动范围为 0～1，标准差为 0.500；环境丰富性（Ef）指标均值为 0.501，波动范围为 0～1，标准差为 0.500。

表 6-2　　　　　　　　　　　　　主要变量的描述性统计特性

变量	Mean	Median	Std. Dev	Min	Max	Observations
Rd	0.025	0.020	0.018	0	0.094	820
Mage	47.598	47.571	2.848	41.429	54.188	820
Mdegree	3.392	3.4	0.367	2.429	4.158	820
Mten	3.400	3.364	0.888	1.259	5.769	820
Hage	0.593	0.604	0.071	0.364	0.722	820
Hdegree	0.642	0.653	0.078	0.379	0.781	820
Hten	0.744	0.756	0.131	0.349	0.964	820
Ef	0.501	1	0.500	0	1	820
Eu	0.492	0	0.500	0	1	820
Roa	0.059	0.054	0.050	-0.093	0.210	820
Size	21.498	21.450	0.746	19.978	23.608	820
Board	8.523	9	1.830	5	14	820
Supervise	3.436	3	0.965	2	7	820
Indep	0.388	0.375	0.068	0.273	0.600	820
Lev	0.311	0.290	0.165	0.046	0.707	820
Growth	0.334	0.206	0.612	-0.516	3.708	820
Fcf	-0.133	-0.012	0.715	-0.219	0.194	820
Age	14.124	14	4.121	5	24	820

6.3.2　相关性分析

表 6-3 和表 6-4 初步利用 Pearson 考察了模型各变量之间的相关性关系。可以看出，变量之间的相关系数较小，表明回归模型中不存在多重共线性关系的问题。根据表 6-3 和表 6-4 的样本数据结果，第一，创新投资（Rd）与环境动态性（Eu）在 5% 水平上显著负相关，相关系数分别为 -0.081，初步证明外部环境动态性程度越高，对创新项目投资具有负向作用。第二，创新投资（Rd）与环境丰富性（Ef）在 10% 水平上显著正相关，相关系数为 0.066，初步证明了外部环境丰富性程度越高，企业可以利用外部环境资源，积极地实施创新活动，创新投资程度越高。另外，高管团队平均年龄（Mage）与创新投资强度（Rd）显著负相关，相关系数为 -0.088，显著性水平为 5%。高管团队成员平均学历水

表6-3 变量间的相关性分析（1）

变量	rd	Mage	Mdegre	Mten	Hage	Hdegree	Hten	eu	ef
rd	1.000								
Mage	-0.088** (0.012)	1.000							
Mdegre	0.270*** (0.000)	-0.077** (0.028)	1.000						
Mten	0.127*** (0.000 3)	0.320*** (0.000)	-0.136*** (0.000 1)	1.000					
Hage	-0.017 (0.627)	-0.424*** (0.000 0)	0.020 (0.572)	-0.279*** (0.000)	1.000				
Hdegree	-0.193*** (0.000)	0.068* (0.052)	-0.111*** (0.001)	-0.008 (0.818)	0.028 (0.418)	1.000			
Hten	0.029 (0.415)	0.085** (0.015)	0.095*** (0.007)	0.185*** (0.000)	-0.012 (0.732)	0.006 (0.863)	1.000		
Eu	-0.081** (0.021)	-0.100 3** (0.004)	0.015 5 (0.657)	-0.168*** (0.000)	0.128*** (0.000 3)	-0.014 (0.691)	0.007 (0.835)	1.000	
Ef	0.066* (0.060)	-0.114*** (0.001)	0.140*** (0.000 1)	-0.048 (0.170)	-0.022 (0.522)	-0.002 (0.962)	-0.001 (0.968)	0.218*** (0.000)	1.000
Roa	0.131*** (0.000 2)	0.034 (0.334)	0.070** (0.044)	0.161*** (0.000)	-0.099*** (0.005)	-0.022 (0.533)	-0.003 4 (0.923)	-0.010 (0.775)	0.436*** (0.000)
Size	-0.186*** (0.000 0)	-0.047 (0.177)	0.185 5*** (0.000)	-0.053 (0.132)	0.011 (0.748)	-0.037 (0.288)	0.076** (0.029)	0.197*** (0.000)	0.391*** (0.000)
Lev	-0.169*** (0.000)	-0.176*** (0.000)	-0.017 (0.621)	-0.133*** (0.000 1)	0.034 (0.336)	0.059* (0.090)	-0.025 (0.483)	0.145*** (0.000)	0.261*** (0.000)

续表

变量	rd	Mage	Mdegre	Mten	Hage	Hdegree	Hten	eu	ef
Indep	0.095*** (0.007)	-0.062* (0.076)	0.085** (0.015)	-0.078** (0.025)	0.094*** (0.007)	-0.057 (0.104)	0.016 (0.640)	-0.019 (0.590)	-0.075** (0.033)
Board	-0.039 (0.266)	0.106*** (0.002)	0.004 (0.910)	0.012 (0.742)	-0.081** (0.021)	0.080** (0.022)	-0.005 (0.893)	-0.018 (0.617)	0.064* (0.066)
Supervise	0.048 (0.173)	0.053 (0.131)	0.076** (0.029)	-0.180*** (0.000)	-0.014 (0.690)	0.009 (0.806)	-0.001 (0.973)	-0.041 (0.243)	-0.069** (0.049)
Growth	-0.028 (0.429)	-0.1155*** (0.0009)	0.078** (0.025)	-0.049 (0.163)	0.036 (0.301)	-0.020 (0.577)	-0.002 (0.965)	0.297*** (0.000)	0.291*** (0.000)
Fcf	0.046 (0.192)	0.025 (0.483)	-0.037 (0.287)	0.139*** (0.000 1)	0.026 (0.454)	-0.009 (0.806)	-0.013 (0.706)	-0.033 (0.340)	-0.052 (0.139)
Age	-0.002 (0.953)	0.101*** (0.004)	-0.066* (0.060)	0.030 (0.389)	-0.005 (0.880)	-0.036 (0.307)	0.089** (0.011)	-0.017 (0.621)	-0.031 (0.378)

注：括号内为t值；***、**和*分别表示在1%、5%和10%水平上显著。

表6-4

变量间的相关性分析（2）

变量	Roa	Size	Lev	Indep	Board	Supervise	Growth	Fcf	Age
Roa	1.000								
Size	0.267*** (0.000)	1.000							
Lev	-0.065* (0.062)	0.412*** (0.000)	1.000						
Indep	-0.040 (0.253)	-0.133*** (0.000 1)	-0.020 (0.579)	1.000					
Board	0.046 (0.186)	0.114*** (0.001)	0.069** (0.049)	-0.267*** (0.000)	1.000				
Supervise	0.011 (0.764)	-0.141*** (0.000 1)	-0.038 (0.272)	-0.005 (0.896)	0.251*** (0.000)	1.000 0			
Growth	0.186*** (0.000)	0.280*** (0.000)	0.185*** (0.000)	-0.033 (0.340)	0.077** (0.027)	-0.033 (0.342)	1.000		
Fcf	0.285*** (0.000)	-0.118*** (0.000 7)	-0.253*** (0.000)	0.005 (0.896)	-0.005 (0.887)	0.011 (0.743)	-0.022 (0.538)	1.000	
Age	0.027 (0.436)	0.033 (0.344)	0.003 (0.934)	-0.022 (0.540)	0.056 (0.107)	-0.063* (0.070)	-0.035 (0.312)	0.002 (0.951)	1.000

注：括号内为t值；***、 ** 和* 分别表示在1%、5%和10%水平上显著。

平（Mdegree）与企业创新投资（Rd）显著正相关，相关系数为 0.270，显著性水平为 1%，高管团队成员任期（Mten）与创新投资（Rd）显著正相关，相关系数为 0.127，显著性水平为 1%。而学历异质性（Hdegree）与企业创新投资（Rd）强度显著负相关，相关系数为 -0.193，显著性水平为 1%。盈利能力（Roa）正向促进企业创新投资（Rd），这可能是盈利能力较强的企业，拥有更多的储备资金实施创新项目的投资活动。公司规模（Size）与企业创新投资（Rd）显著负相关，相关系数为 -0.186，显著性水平为 1%，可能的原因在于：大规模的企业受到固有运行模式的影响，企业创新投资的影响因素约束较多，而相比之下小规模的企业更加灵活多变，容易根据外部环境变化和企业内部经营管理的需要实施提升企业长期绩效水平的创新活动。

6.3.3　回归分析

（1）环境不确定性与企业创新投资的回归分析。环境不确定性对企业创新投资影响的回归结果如表 6-5 所示。表 6-5 中第（1）列列示了自变量为环境动态性（Eu）对企业创新投资（Rd）强度影响的回归结果，此时环境动态性（Eu）的系数为 -0.035，且在 5% 水平上显著。这意味着环境动态性程度越高，企业越会减少创新投资力度。环境动态性越强，企业从外界获取较少的信息和资源，对企业形成较大的外部压力，一方面在面临动态、复杂和敌对的环境时可能激发高管团队成员的冒险和创新精神来克服困境，高管会采取新产品和新技术的投资来摆脱市场环境变化带来的冲击，保持持续的竞争优势；另一方面可能会引发高管发生短视行为，不利于高管通过风险性较高的企业创新活动来获得潜在的高回报，外部环境的动态性导致高管掌控的现金流较少，面临较高的融资成本，出现融资约束现象，企业管理者可能为了降低成本，避免或减少了对于净现金流为正的新产品开发项目的投资力度。因此，环境不确定性增强时，在组织有限理性条件下，企业无力快速改变而适应环境的变化，可能会选择较保守的创新战略，导致创新力度下降。

表6-5   环境不确定性对企业创新投资影响的回归分析结果

变量	Rd （1）	Rd （2）
_ cons	0.085 *** （3.34）	0.091 *** （3.56）
Eu	- 0.035 ** （- 2.49）	
Ef		0.013 *** （2.58）
Roa	0.052 *** （4.00）	0.039 *** （2.73）
Size	- 0.004 *** （- 3.41）	- 0.004 *** （- 3.80）
Lev	- 0.007 * （- 1.84）	- 0.010 ** （- 2.37）
Indep	0.016 * （1.76）	0.016 * （1.80）
Board	- 0.000 06 （- 0.17）	- 0.000 03 （- 0.08）
Supervise	0.000 07 （0.10）	0.000 08 （0.12）
Growth	0.000 8 （0.72）	- 0.001 5 （- 1.44）
Fcf	- 0.004 （- 0.45）	- 0.002 （- 0.21）
Age	- 0.000 06 （- 0.42）	- 0.000 04 （- 0.28）
行业	控制	控制
年度	控制	控制
观测样本	820	820
Adj-R^2	0.262	0.263
F	12.19 ***	12.21

注：括号内为 t 值；*** 、** 和 * 分别表示在1%、5%和10%水平上显著。

表6-5中第（2）列为环境丰富性（Ef）对企业创新投资（Rd）强度影响的回归分析结果。可以看到，环境丰富性（Ef）的系数为0.013，且在1%水平上显著。这一结果表明，较高的环境丰富性会积极促进企业的技术创新。根据资源基础观的观点，企业的创新离不开资源的基础保障，企业的资源一部分来自企业内部的积累；另一部分则依赖于组织外部环境的提供。当环境丰富性越高时，企业能够从外部环境中获得较多的资源支持，例如比较宽裕的银行贷款业务，使企业拥有更多的资源投资于研发项目。当环境丰富性较低时，企业从外部环境中

获得资源支持较少，同时若想获得外部资源支持就会存在较高的资本成本，这在财务上一般称为融资约束。受到了外部环境约束的企业便缺少了进行创新的必备条件和动力。许多学者研究发现，融资约束对企业研发投入具有抑制作用。因此，环境丰富性能够为企业带来充足的资源，增强企业的创新能力。实证结果支持了假设 H4a 的内容。

（2）环境不确定性下高管团队人口特征对企业创新投资的回归分析。表6-6是环境不确定的动态性条件下，高管团队平均年龄、学历和任期对企业创新投资影响的回归结果。

表6-6　　环境动态性对高管团队人口统计学特征与企业创新投资关系的影响

变量	Rd (1) 环境动态性高	Rd (2) 环境动态性低	Rd (3) 环境动态性高	Rd (4) 环境动态性低	Rd (5) 环境动态性高	Rd (6) 环境动态性低
_ cons	0.099 *** (2.79)	0.182 *** (4.18)	0.054 (1.67)	0.170 *** (4.33)	0.058 (1.79)	0.171 *** (4.02)
Mage	−0.000 5 * (−1.74)	−0.000 1 (−0.46)				
Mdegre			0.014 *** (5.55)	0.014 *** (7.07)		
Mten					0.003 *** (3.28)	0.000 6 (0.62)
Roa	0.058 *** (3.56)	0.036 * (1.68)	0.058 *** (3.70)	0.038 * (1.90)	0.049 *** (3.03)	0.034 (1.59)
Size	−0.003 * (−1.91)	−0.007 *** (−4.02)	−0.004 *** (−3.04)	−0.010 *** (−5.54)	−0.003 * (−1.82)	−0.007 *** (−3.98)
Lev	−0.007 (−1.21)	−0.017 *** (−2.79)	−0.000 5 (−0.09)	−0.012 ** (−2.13)	−0.003 (−0.58)	−0.017 ** (−2.75)
Indep	0.025 * (1.95)	0.006 (0.49)	0.015 (1.24)	−0.003 (−0.24)	0.027 ** (2.12)	0.007 (0.54)
Board	−0.000 4 (−0.80)	0.000 2 (0.35)	−0.000 5 (−1.13)	0.000 2 (0.45)	−0.000 5 (−1.08)	0.000 2 (0.28)
Supervise	−0.000 5 (−0.56)	0.000 5 (0.59)	−0.000 4 (−0.44)	−0.000 5 (−0.60)	0.000 3 (0.27)	0.000 6 (0.67)
Growth	−0.001 (−1.07)	0.012 *** (3.12)	−0.001 (−1.27)	0.011 *** (2.97)	−0.000 9 (−0.95)	0.0118 ** (3.10)
Fcf	0.008 (0.77)	−0.023 * (−1.75)	0.011 (1.05)	−0.020 * (−1.65)	0.008 (0.74)	−0.024 * (−1.80)
Age	−0.000 4 * (−1.67)	0.000 3 * (1.36)	−0.000 4 (−1.85)	0.000 4 ** (2.01)	−0.000 5 ** (−2.10)	0.000 3 (1.34)

续表

变量	Rd (1) 环境 动态性高	Rd (2) 环境 动态性低	Rd (3) 环境 动态性高	Rd (4) 环境 动态性低	Rd (5) 环境 动态性高	Rd (6) 环境 动态性低
观测样本	403	417	403	417	403	417
Adj-R²	0.337	0.218	0.383	0.306	0.351	0.218
F	8.87***	5.63***	10.58***	8.33***	9.34***	5.64***

注：括号内为 t 值；***、** 和 * 分别表示在 1%、5% 和 10% 水平上显著。

一是环境动态性对高管团队平均年龄与企业创新投资的影响。环境动态性程度越高，企业所面临的外部风险程度越大，而年轻的高管团队具有冒险精神和风险承担意识，越愿意积极实施创新活动开发新产品和新工艺，来应对外部环境动态性的变化。表 6-6 中第（1）列和第（2）列的高管团队平均年龄（Mage）对企业创新投资（Rd）的显著负相关关系仅体现在环境动态性高组，这说明环境动态性强化了年轻高管团队对企业创新投资的促进作用。

二是环境动态性对高管团队平均学历与企业创新投资的影响。表 6-6 中第（3）列和第（4）列的高管团队平均学历（Mdegree）对企业创新投资（Rd）正相关关系在环境动态性高和环境动态性低的组都显著，这说明环境动态性不影响高学历高管团队成员对企业创新投资的影响。高管团队成员拥有较高学历水平，能够根据自身的知识技能不断持续加强企业创新投资水平。

三是环境动态性对高管团队平均任期与企业创新投资的影响。表 6-6 中第（5）列和第（6）列的高管团队平均任期（Mten）对企业创新投资（Rd）的显著正相关关系仅体现在环境动态性高组，第（5）列中，高管团队平均任期（Mten）的回归系数为 0.003（T=3.28，p<0.01），这说明环境动态性强化了高管团队任期对企业创新投资的促进作用。这说明环境动态性正向调节高管团队成员平均任期对创新投资的促进作用。也就是说，外部环境动态性程度升高时，组织从外部获取信息和资源时发生了困难，而高管团队任期较长的情况下，他们会凭借在企业长时间的工作经历而积累大量的工作经验，在内部与其他团队成员形成良好的沟通和互动。在组织外部建立广泛的社会资本和政治资本，此时任期较长的高管通过与内部成员顺畅的沟通和交流，积极建言献策，将资源和信息引入组织，为组织创新投资战略决策作出更大的贡献。通过新产品和新技术的革新，保持企业在市场竞争中的地位。因此，环境动态性强化了任期较长高管对企业创

新投资的促进作用。假设 H4b 部分内容得到证实。

表 6－7 是环境丰富性条件下，高管团队平均年龄、学历和任期对企业创新投资影响的回归结果。

表 6－7　环境丰富性对高管团队人口统计学特征与企业创新投资关系的影响

变量	Rd (1) 环境丰富性高	rd (2) 环境丰富性低	rd (3) 环境丰富性高	rd (4) 环境丰富性低	rd (5) 环境丰富性高	rd (6) 环境丰富性低
_cons	0.124 *** (3.31)	0.090 ** (2.06)	0.100 *** (2.86)	0.098 ** (2.50)	0.093 *** (2.64)	0.081 * (1.93)
Mage	-0.000 3 (-0.85)	-0.000 09 (-0.33)				
Mdegre			0.011 *** (4.32)	0.016 *** (7.84)		
Mten					0.003 *** (3.64)	0.000 9 (0.93)
Roa	0.059 *** (3.02)	0.013 (0.57)	0.055 *** (2.88)	0.028 (1.37)	0.050 *** (2.62)	0.007 (0.32)
Size	-0.005 *** (-3.15)	-0.004 ** (-2.00)	-0.006 *** (-3.91)	-0.006 *** (-3.75)	-0.004 *** (-3.02)	-0.004 ** (-1.97)
Lev	-0.008 (-1.38)	-0.014 ** (-2.37)	-0.005 (-0.79)	-0.007 (-1.29)	-0.008 (-1.30)	-0.014 ** (-2.22)
Indep	0.029 7 ** (2.18)	0.015 (1.23)	0.024 * (1.81)	0.000 5 (0.05)	0.036 *** (2.64)	0.016 (1.26)
Board	-0.000 06 (-0.11)	0.000 2 (0.31)	-0.000 07 (-0.12)	0.000 000 7 (0.00)	-0.000 07 (-0.13)	0.000 1 (0.20)
Supervise	-0.000 9 (-0.94)	0.000 8 (0.94)	-0.001 (-1.17)	-0.000 006 (-0.01)	-0.000 08 (-0.08)	0.001 (1.12)
Growth	-0.001 (-0.91)	0.000 6 (0.31)	-0.000 8 (-0.71)	-0.000 2 (-0.10)	-0.000 6 (-0.55)	0.000 6 (0.30)
Fcf	0.002 (0.18)	-0.008 (-0.68)	0.004 (0.37)	-0.006 (-0.58)	-0.000 5 (-0.04)	-0.009 (-0.73)
Age	-0.000 2 (-0.81)	0.000 1 (0.65)	-0.000 2 (-0.85)	0.000 2 (1.10)	-0.000 3 (-1.30)	0.000 1 (0.65)
观测样本	411	409	411	409	411	409
Adj-R²	0.323	0.177	0.353	0.290	0.344	0.178
F	8.51 ***	4.50 ***	9.59 ***	7.67 ***	9.26 ***	4.54 ***

注：括号内为 t 值；*** 、** 和 * 分别表示在 1% 、5% 和 10% 水平上显著。

一是环境丰富性对高管团队平均年龄与企业创新投资的影响。第（1）列和第（2）列中高管团队平均年龄与企业创新投资的关系不显著，这说明高管团队年龄与企业创新投资关系受环境丰富性影响较小。可能的原因在于年轻高管的工作经验较少并且任期较短，不能较好地利用外部丰富性的资源，环境丰富性对年轻高管团队的创新投资不具有正向的调节作用。

二是环境丰富性对高管团队平均学历与企业创新投资的影响。表 6-7 中第（3）列和第（4）列中的回归结果显示：高管团队平均学历（Mdegree）对企业创新投资（Rd）的正相关关系在环境丰富性高和环境丰富性低的组都显著，这说明环境丰富性不影响高学历高管团队成员对企业创新投资的影响。这说明高管团队成员能够根据自身拥有的知识和技能不断持续加强企业创新投资水平。

三是环境丰富性对高管团队平均任期与企业创新投资的影响。表 6-7 中第（5）列和第（6）列中的回归结果显示：高管团队平均任期（Mten）与企业创新投资（Rd）的正向显著性关系仅存在环境丰富性高组。这说明环境丰富性正向调节高管团队成员平均任期与创新投资之间的促进作用。也就是说，外部环境丰富程度较高的环境下，任期较长的高管团队与任期较短的团队相比，其拥有更多的社会资本和政治资本，并且能够通过与内部其他团队成员形成良好的沟通和互动，将任期较长的高管在组织外部建立的广泛的社会资本和政治资本引入组织，为组织创新投资战略决策提供资源和信息，为组织提出科学的战略决策作出贡献。因此，环境丰富性强化任期较长的高管团队对企业创新投资的促进作用。至此，假设 H4b 部分内容得到证实。

（3）环境不确定性、高管团队异质性对企业创新投资的回归分析。表 6-8 报告了环境不确定性对高管团队年龄异质性和学历异质性与企业创新投资关系影响的回归分析结果。对于企业创新投资而言，在环境动态性和丰富性程度不同的情况下，高管团队异质性对企业创新投资的影响存在差异。企业创新投资效率和效果受到环境影响已经得到普遍研究认可。我们在回归模型中加入环境动态性虚拟变量（0 表示环境动态性低于中位数水平，1 表示环境动态性高于中位数水平）与高管团队年龄异质性和学历异质性的二次项的交互项，检验不同环境动态性情况下高管团队异质性对企业创新投资的关系，回归结果如表 6-8 中第（1）列和第（2）列所示。同样地，我们在回归模型中加入环境丰富性虚拟变量（0 表示环境丰富性低于中位数水平，1 表示环境丰富性高于中位数水平）与高管团队年龄异质性和学历异质性二次项的交互性，检验不同环境丰富性情况下高管团队异质性与企业创新投资的关系。回归结果如表 6-8 中第（3）和第（4）列所示。第（1）列进一步证实了高管团队年龄异质性与企业创新投资之间的倒 "U"

型关系，交互项 $Hage^2 \times Eu$ 系数显著为正，表明在环境动态性不同的情况下，高管团队年龄异质性对企业创新投资的影响存在显著差异，即环境动态性程度较低的情况下，高管团队年龄异质性更加能够激励企业创新投资。这一结果表明，环境动态性对高管团队年龄异质性和企业创新投资的关系具有显著的调节效应，符合理论预期。可能的原因在于：根据资源依赖理论，高管团队成员年龄异质性程度越高，能够为组织提供多元化的信息资源，当企业高管感知环境动态变化程度较高时，外部信息资源获取难度增强，增加企业内外部信息的不对称，影响年龄异质化高管团队的战略决策，因此，环境动态性的升高削弱了年龄异质性高管团队通过企业创新生产新产品和新工艺，提升企业绩效水平的能力。第（2）列进一步证实了高管团队学历异质性与企业创新投资之间的倒"U"型关系，交互项 $Hdegree^2 \times Eu$ 系数显著为正，表明在环境动态性不同的情况下，高管团队学历异质性对企业创新投资的影响存在显著差异，即在环境动态性低的情况下，高管团队学历异质性更加能够激励企业创新投资。这一结果表明，环境动态性对高管团队学历异质性和企业创新投资的关系具有显著的调节效应，符合理论预期。同样地，基于资源依赖理论，外部环境动态性程度水平较低的情况下，学历异质性能够为高管团队成员带来信息资源多元化的优势，并能够较容易获取外部信息资源，外部信息资源能够促进学历异质性高的团队成员通过实施创新投资活动，最终提升企业绩效。第（3）列证实了高管团队年龄异质性与企业创新投资之间的倒"U"型关系，$Hage^2 \times Ef$ 系数显著为负，表明在环境丰富性不同的情况下，高管团队年龄异质性对企业创新投资的影响存在显著差异，即在环境丰富性高的情况下，能够为企业带来丰富的外部资源，根据资源依赖理论，在环境丰富性程度较高的情况下，高管团队年龄异质性带来的信息多元化能够充分利用组织内外部资源实施企业创新投资，两者的促进作用更加显著。这一结果表明，环境丰富性对高管团队年龄异质性和企业创新投资的关系具有显著的调节效应，符合理论预期。第（4）列的回归结果不显著，说明环境丰富性变化对学历异质性与创新投资的关系不具有显著抑制和促进作用，可能的原因在于：在丰富性程度较低的环境下，高管团队学历异质性所带来的多元化信息能够影响企业的创新投资决策，受到外部环境资源丰富性程度所带来的影响较小，因此，使影响效果在综合后为不显著的情况。至此，假设 H4c 部分得到了证实。

表 6 - 8　　环境不确定性对高管团队异质性与企业创新投资之间关系的影响

变量	Rd (1)	Rd (2)	Rd (3)	Rd (4)
_ cons	0.006 22 (0.18)	0.059 * (1.87)	0.011 8 (0.35)	0.074 ** (2.34)
Hage	0.276 *** (2.94)		0.244 *** (2.67)	
$Hage^2$	− 0.254 *** (− 3.00)		− 0.204 ** (− 2.52)	
$Hage^2 \times Eu$	0.024 * (1.66)			
$Hage^2 \times Ef$			− 0.026 * (− 1.83)	
Hdegree		0.139 ** (1.88)		0.088 (1.20)
$Hdegree^2$		− 0.156 ** (− 2.53)		− 0.093 (− 1.52)
$Hdegree^2 \times Eu$		0.033 *** (2.81)		
$Hdegree^2 \times Ef$				− 0.015 (− 1.25)
Ef			0.012 ** (2.38)	0.009 (1.82)
Eu	− 0.011 ** (− 2.01)	− 0.016 *** (− 3.12)		
Roa	0.053 *** (4.11)	0.055 *** (4.32)	0.043 *** (3.07)	0.044 ** (3.17)
Size	− 0.004 *** (− 3.40)	− 0.004 *** (− 3.65)	− 0.004 *** (− 3.70)	− 0.004 *** (− 4.15)
Lev	− 0.007 * (− 1.67)	− 0.007 * (− 1.88)	− 0.009 ** (− 2.18)	− 0.008 * (− 2.09)
Indep	0.015 * (1.73)	0.015 * (1.71)	0.016 * (1.81)	0.015 (1.70)
Board	− 0.000 1 (− 0.33)	0.000 09 (0.25)	− 0.000 1 (− 0.27)	0.000 07 (0.19)
Supervise	0.000 04 (0.06)	− 0.000 02 (− 0.03)	0.000 2 (0.34)	0.000 1 (0.21)
Growth	− 0.000 3 (− 0.31)	− 0.000 2 (− 0.25)	− 0.001 (− 1.04)	− 0.000 9 (− 0.87)
Fcf	− 0.004 (− 0.44)	− 0.005 (− 0.58)	− 0.002 (− 0.19)	− 0.004 (− 0.49)
Age	− 0.000 06 (− 0.38)	− 0.000 08 (− 0.58)	− 0.000 04 (− 0.26)	− 0.000 06 (− 0.40)
观测样本	820	820	820	820
Adj-R^2	0.260	0.277	0.268	0.280
F	10.91 ***	11.80 ***	11.32 ***	12.01 ***

注：括号内为 t 值；*** 、** 和 * 分别表示在 1% 、5% 和 10% 水平上显著。

6.3.4　研究结论与启示

　　一方面是环境不确定性对企业创新投资的影响。环境动态性对企业创新投资具有负向抑制作用，环境丰富性对企业创新投资具有正向促进作用，以上研究结果支持了假设 H4a。另一方面是环境不确定性对高管团队特征及异质性与企业创新投资的影响。环境不确定性中动态性和丰富性正向调节高管团队平均任期对企业创新投入的促进作用。即环境动态性和丰富性程度较高的环境下，高管团队人口特征中的平均任期对企业创新投资促进作用越显著。即环境不确定性强化了高管团队任期对企业创新投资的促进效应，这说明在环境不确定的情况下，任期较长的高管团队成员能够根据以往积累的工作经验和社会网络资本，积极实施创新投资决策。另外，环境动态性正向调节年轻高管团队对企业创新投资的影响，这说明在环境动态性程度较高的情况下，年轻高管更愿意承担风险而积极实施创新投资。以上研究结果部分支持了假设 H4b。环境动态性的提高会削弱高管团队年龄异质性和学历异质性对企业创新投资的促进作用。这说明环境动态性的提高会削弱年龄和学历异质性带来的信息多元化优势对创新投资的促进作用。而相比环境丰富性程度低的情况下，在环境丰富性程度较高时，高管团队年龄异质性对企业创新投资的促进作用越显著，这说明年龄异质性高管团队能够利用外部丰富的环境资源积极进行创新投资活动，以上研究结果部分支持了假设 H4c。

6.4　稳健性检验

6.4.1　环境不确定性与高管团队特征对企业创新投资影响的稳健性检验

　　本书的稳健性检验包括以下两个部分。一是将环境不确定指标，除以同一年度、同一行业内所有公司未经行业调整的环境不确定性的中位数，得到公司经过行业调整后的环境不确定性指标；二是采用公司营业收入标准化创新投资指标，重新进行回归分析，同时为了避免内生性问题，本书采用滞后一期的创新投入指标进行回归，显著性及回归结果与前面基本一致，以上检验说明本书研究结果具有稳健性。

6.4.2 环境不确定性与高管团队异质性对企业创新投资影响的稳健性检验

为了验证本章结论的稳健性，进行了以下稳健性测试。

一是逐步减少控制变量的稳健性检验。表 6-9 列示了减少控制变量 Roa 后的回归分析结果，其中，反映模型整体回归效果的 Adj-R^2 和 F 值较好，且 F 值都在 1% 水平上显著，证明模型的拟合度较高，发现环境不确定性对高管团队异质性与企业创新投资关系的影响与前面研究结果基本一致，说明研究结果具有稳健性。另外，分别删除其他控制变量后的回归结果也基本与前面一致。

表 6-9　　　　　　　　　环境不确定性对高管团队异质性与
企业创新投资关系的影响稳健性检验（删除控制变量）

变量	Rd（删除 Roa）(1)	Rd（删除 Roa）(2)	Rd（删除 Roa）(3)	Rd（删除 Roa）(4)
_ cons	-0.018 (-0.52)	0.036 (1.15)	-0.001 (-0.04)	0.063 ** (2.00)
Hage	0.284 *** (2.99)		0.247 *** (2.69)	
Hage^2	-0.265 *** (-3.09)		-0.210 ** (-2.58)	
Hage$^2 \times$ Eu	0.025 * (1.72)			
Hage$^2 \times$ Ef			-0.025 * (-1.76)	
Hdegree		0.134 * (1.80)		0.078 (1.06)
Hdegree^2		-0.152 ** (-2.43)		-0.085 (-1.38)
Hdegree$^2 \times$ Eu		0.034 *** (2.81)		
Hdegree$^2 \times$ Ef				-0.016 (-1.30)
Eu	-0.011 ** (-2.13)	-0.016 *** (-3.20)		
Ef			0.014 *** (2.63)	0.011 ** (2.21)

变量	Rd（删除 Roa）(1)	Rd（删除 Roa）(2)	Rd（删除 Roa）(3)	Rd（删除 Roa）(4)
Size	-0.002 ** (-2.32)	-0.002 ** (-2.50)	-0.003 *** (-3.12)	-0.004 *** (-3.55)
Lev	-0.009 ** (-2.16)	-0.010 ** (-2.41)	-0.011 *** (-2.75)	-0.011 *** (-2.68)
Indep	0.016 * (1.74)	0.015 * (1.70)	0.017 * (1.87)	0.016 * (1.74)
Board	-0.000 1 (-0.40)	0.000 07 (0.20)	-0.000 1 (-0.31)	0.000 06 (0.16)
Supervise	0.000 1 (0.20)	0.000 07 (0.11)	0.000 3 (0.53)	0.000 3 (0.40)
Growth	0.000 3 (0.33)	0.000 4 (0.42)	-0.000 8 (-0.82)	-0.000 6 (-0.65)
Fcf	0.007 (0.82)	0.006 (0.72)	0.007 (0.82)	0.004 (0.51)
Age	-0.000 02 (-0.16)	-0.000 05 (-0.33)	-0.000 01 (-0.08)	-0.000 03 (-0.21)
观测样本	820	820	820	820
Adj-R^2	0.250	0.268	0.260	0.272
F	10.77 ***	11.69 ***	11.27 ***	11.94 ***

注：括号内为 t 值；*** 、** 和 * 分别表示在 1%、5% 和 10% 水平上显著。

二是改变样本选取时间，分别只删除 2013 年、2014 年、2015 年和 2016 年后的样本指标重新进行回归，结果变化不大，表 6-10 列示了删除 2013 年样本数据后的回归结果，其他年份省略。表 6-10 中第（1）列 Hage^2×Eu 的回归系数为 0.025（T=1.68，P<0.1），说明环境动态性负向调节年龄异质性与企业创新投资之间的关系。第（2）列中 Hdegree^2×Eu 的回归系数为 0.032（T=2.68，P<0.01），这说明环境动态性负向调节学历异质性与企业创新投资的关系，环境动态性低的条件下高管学历异质性更加能够发挥多元化的信息优势，有效利用企业内外部的资源促进企业创新投资力度。第（3）列中 Hage^2×Ef 的回归系数为 -0.026（T=-1.78，P<0.1），这说明环境丰富性正向调节高管团队年龄异质性对企业创新投资的影响。环境丰富性程度较高的环境下更加能够激发企业年龄异质性高管团队实施创新投资活动。第（4）列中 Hdegree^2×Ef 的回归系数不显著，表明环境丰富性对高管团队年龄异质性与企业创新投资的负向影响不显著，可能的原因在于：在丰富性程度较低的环境下，高管团队学历异质性所带来的多元化信息能够影响企业的创新投资决策，受到外部环境资源丰富性程度所带来的

影响较小，因而使影响效果在综合后表现为不显著的情况。

表 6 - 10　　　　　　　　　环境不确定性对高管团队异质性
与企业创新投资关系的影响稳健性检验（删除年份）

变量	Rd（删除2013年样本）(1)	Rd（删除2013年样本）(2)	Rd（删除2013年样本）(3)	Rd（删除2013年样本）(4)
_cons	0.016 (0.45)	0.056* (1.73)	0.020 (0.55)	0.074** (2.27)
Hage	0.235** (2.41)		0.214** (2.24)	
$Hage^2$	-0.218** (-2.49)		-0.177** (-2.11)	
$Hage^2 \times Eu$	0.025* (1.68)			
$Hage^2 \times Ef$			-0.026* (-1.78)	
Hdegree		0.138* (1.82)		0.086 (1.13)
$Hdegree^2$		-0.155** (-2.43)		0.092 (-1.46)
$Hdegree^2 \times Eu$		0.032*** (2.68)		
$Hdegree^2 \times Ef$				-0.011 (-0.90)
Eu	-0.012** (-2.10)	-0.016*** (-3.09)		
Ef			0.013** (2.37)	0.008 (1.51)
Roa	0.052*** (3.87)	0.054*** (4.12)	0.041*** (2.81)	0.042*** (2.93)
Size	-0.003*** (-3.29)	-0.004*** (-3.51)	-0.004*** (-3.67)	-0.004*** (-4.08)
Lev	-0.006 (-1.44)	-0.006 (-1.56)	-0.008* (-1.95)	-0.008* (-1.83)
Indep	0.017* (1.92)	0.017* (1.87)	0.018** (2.01)	0.017* (1.91)
Board	-0.0001 (-0.35)	0.00008 (0.22)	-0.0001 (-0.31)	0.00005 (0.15)
Supervise	-0.0001 (-0.22)	-0.0001 (-0.21)	0.00003 (0.05)	-0.000009 (-0.01)
Growth	-0.0003 (-0.26)	-0.0002 (-0.21)	-0.001 (-1.11)	-0.001 (-0.99)
Fcf	-0.005 (-0.62)	-0.006 (-0.72)	-0.003 (-0.34)	-0.005 (-0.61)

续表

变量	Rd（删除 2013 年样本）(1)	Rd（删除 2013 年样本）(2)	Rd（删除 2013 年样本）(3)	Rd（删除 2013 年样本）(4)
Age	−0.000 008 (−0.06)	−0.000 03 (−0.19)	0.000 01 (0.09)	−0.000 002 (−0.01)
观测样本	785	785	785	785
Adj-R^2	0.257	0.276	0.259	0.272
F	10.69 ***	11.70 ***	10.79 ***	11.46 ***

注：括号内为 t 值；*** 、** 和 * 分别表示在 1%、5% 和 10% 水平上显著。

6.5 本章小结

本章提出关于环境不确定性对高管团队特征及异质性与企业创新投资决策影响的假设，对环境不确定性下高管团队特征及异质性与企业创新投资之间关系的回归结果进行分析，研究发现，环境动态性对企业创新投资具有负向抑制作用，环境丰富性对企业创新投资具有正向促进作用。环境不确定性中动态性和丰富性正向调节高管团队平均任期对创新投资的促进作用。也就是说，环境丰富性、动态性程度较高的环境下，高管团队人口特征中的平均任期对企业创新投资促进作用越显著。环境动态性正向调节年轻高管团队的创新投资。另外，环境动态性程度的提高会削弱高管团队年龄异质性和学历异质性对企业创新投资的促进作用。环境丰富性的提高会增强高管团队年龄异质性对企业创新投资的促进作用，对研究结论进行了稳健性检验。

第 7 章　对策建议

根据上述研究结论，本书建议创业板上市公司要提高创新能力和研发水平，在高管团队组成和架构、薪酬激励模式、首席执行官权力的适度调整以及政府的宏观调控方面应采取以下对策。

7.1　合理构建和优化高管团队成员构成

创业板上市公司应合理构建和优化高管成员的组成，选拔年轻并且具有较高学历的人员来扩充企业高管团队，因为年轻的高管人员更具有冒险精神和想象力，同时高学历的高管具有较为全面的认知、价值观和信息处理能力，能够作出科学合理的创新决策。企业还应保持一定程度的高管年龄和学历的异质性，这样可以增强企业决策所需的信息资源，不应过度强调某个明星高管的作用，而应从团队角度出发，关注整个高管团队成员内部协调和平衡，才能使高管团队成员之间的非正式沟通更加顺畅。合理配置高管人力资本有利于完善创业板上市公司治理机制，实现科学合理的创新战略决策，提升公司绩效。

7.2　设计科学合理的高管薪酬激励机制

根据企业的实际情况设计高管团队成员科学合理的薪酬激励机制。实证结果显示，管理层薪酬激励水平越高，对管理层的吸引力越强，这样能够培养、吸引和留住有潜力的管理人员。企业薪酬激励能够不断提升和转变高管团队成员的研发投入意愿，因为创新资源的投入会使企业承担高风险的项目，企业在承担项目经营风险的同时一旦研发活动成功，会使企业获得较大的收益，这会在很大程度上提升企业业绩，而企业业绩是高管薪酬重要的考核指标，会进一步强化企业对于高管团队成员薪酬激励水平。高管薪酬激励机制具有复杂性，应在全面考察企业实际情况的基础上，设计合理的薪酬激励模式，在货币薪酬激励为主的基础上，强化股权激励机制，适度地给予高管一定程度上在职消费权力。

7.3 进一步强化高管的股权激励

创业板的企业股权薪酬激励显著性程度不高，这说明创业板的企业股权激励水平较低且实施效果不明显，应进一步强化股权对企业持续稳定创新投入的激励程度。股权激励在高管年龄、学历和任期方面发挥积极的调节作用。企业应重视股权对年轻、高学历和任期较长的高管团队成员激励的力度，加大其持股比例，从而激发高管团队不断提升企业创新投入水平。另外，还要对高学历的高管团队成员实施有效的货币薪酬和在职消费激励机制，并使其拥有更高的职位和权力，以此积极发挥不同薪酬激励模式在企业创新方面的协同促进作用。在现有高管团队特征基础上，股权激励可成为促进高管更加关注企业未来长期竞争发展，强化企业研究与开发投入的可行性方式之一。

7.4 适度赋予首席执行官权力

适度强调首席执行官权力，有利于首席执行官加强团队成员之间的良性交流与沟通，解决高管团队成员由于异质性程度所带来的沟通与交流障碍，因此，在企业日常经营活动中，应赋予管理者充分决策权的同时，给予其必要的监督和控制，充分权衡首席执行官权力的收益与成本，使决策更有利于企业持续稳定的发展。

7.5 保持团队成员适度的异质性特征

当企业面对外部环境不确定时，应调整高管团队的人员构成和组织结构，保持高管团队成员适度的异质性。通过整合优化配置组织的人力资源，有利于组织制定科学合理的创新决策，以应对外部环境的变化。当外部环境变化时，充分发挥现有团队中高学历的高管人员的信息识别和处理能力，还要充分激发年轻高管的进取精神和创新灵感，并利用好平均任期较长的高管所形成的企业内部经营决策经验和外部社会网络资本优势，以此鼓励他们为企业科学发展建言献策。

7.6 积极强化企业创新项目的投入力度

企业应积极加强对于创新项目资源的投入力度，包括人力资本、技术资本和财务资本等，提高创新投入的产出和转化效率，以提高企业绩效，为新产品开发和创新活动留存足够的财务资源、技术资源和人力资本，并加大企业内源融资时资本的支持力度，从而缓解环境不确定对企业技术创新活动所产生的冲击和影响，最终通过创新活动实现企业长期稳定的盈利能力，并将部分资源留存在企业中来实施新一轮的创新活动，形成良性循环。

7.7 政府优化企业创新的相关政策

政府应优化企业技术创新环境和完善相关政策。政府要为创新能力较强的企业构建公平和自由的外部环境，充分发挥市场竞争机制对企业技术创新的促进和激励的调节作用，提高企业应对外部动态变化环境的适应能力，并优化组织层级设置，培育和激发企业高管团队成员创新和创业的企业家精神。另外，政府还要进一步加大对创业板企业实施技术创新活动的支持力度。当企业处在复杂、动态和敌对性的环境条件下，势必会对企业的技术创新活动带来巨大的冲击，并影响融资约束比较严重的创新型企业实施有效的创新项目投资。而这些企业的技术创新活力足、动力强，因而政府应建立相关制度保障机制来解决企业资金短缺和融资困境问题，例如，政府给予技术创新强的企业一些创新补贴，实施创新投入资金的税收减免等政策。

7.8　本章小结

本章在实证研究的基础上有针对性地提出企业内外部层面完善企业创新投入力度的对策建议，包括合理构建和优化高管团队成员组成，保持团队成员的适度异质性，设计科学合理的薪酬激励措施并进一步强化股权激励，赋予首席执行官适度权力，强化企业创新项目投入，政府要优化企业创新的外部环境政策等相关建议，以期进一步提升企业的创新意识和能力。

第8章 结 论

本书以 2009～2016 年我国创新能力强的创业板上市公司共 2 755 个样本企业为研究对象，首先对高管团队特征及异质性、薪酬激励与企业创新投入之间的关系进行理论分析和实证检验。其次分析高管团队特征、异质性和薪酬激励之间的相互调节效应。最后分别检验首席执行官综合权力和环境不确定性对高管团队特征及异质性与企业创新投资二者关系的影响，检验管理者权力不同情况下和环境变化条件下高管团队特征及异质性与企业创新投入之间关系是否存在差异。通过相关假设的检验，本书得到以下结论。

高管团队特征及异质性对创新投入具有重要影响。（1）高管团队平均年龄与创新投入负相关，年龄异质性负向调节平均年龄对创新投入的关系；高管团队平均学历水平与创新投入正相关，学历异质性负向调节平均学历与创新投入之间的正向关系；高管团队平均任期正向调节平均学历与创新投入之间的正向关系，即高管团队平均任期越长，高管团队平均学历越高对创新投入的正向影响越强。这说明应该合理优化高管团队人力资本配置情况。选拔年轻且学历较高的成员，并保持适度高管特征的异质性，从团队视角出发，整合发挥团队协调作用。高管团队三种薪酬激励水平的提升能够分别促进企业创新投入力度，三种薪酬激励契约模式两两之间存在互补效应，说明其中一种薪酬激励会随着另一种薪酬激励的增加而呈现边际递增现象。因此，应建立科学合理的薪酬激励契约模式，发挥不同类型薪酬激励模式协调配合机制，吸引和留住具有创新潜力的高层次人才。（2）高管团队年龄异质性和学历异质性与创新投入之间呈现倒"U"型关系，这说明在高管年龄、学历异质性对创新投资的影响中存在极值，在经过此极值之前，高管团队年龄、学历异质性对企业创新投资具有促进效应，但当经过此极值之后，高管团队年龄和学历异质性对创新投资则产生抑制效用。（3）首席执行官权力对高管团队特征及异质性与企业创新投资之间的关系会产生影响。首席执行官综合权力能够正向调节年轻高管团队、平均学历较高和任期较长的高管团队对于企业创新投资的促进作用。这说明首席执行官综合权力较大的情况下，在企业中能够统揽大局，站在企业长远发展的战略高度上制定决策，促进不同高管团队积极进行创新投资，提升企业核心竞争力。企业中首席执行官结构权力、专家权力和声誉权力能正向促进高管团队人口特征对企业创新投资决策的促进作用。这说明在一定程度上应该加强首席执行官权力，给予其充分的决策权。另外，关于首席执行官权力对高管团队异质性与企业创新投资的研究发现，在既定高管团队异质性水平下，相比首席执行官权力较小的企业，高管团队学历异质性对首席执行官权力较大的企业创新投资有更强的促进作用。这说明赋予首席执行官决策权，并给予其必要的监督和控制，能够充分发挥首席执行官在协调和平衡团队运作方面统揽大局和规划的作用。（4）环境动态性对创新投入具有负向作用，环境丰富性对创新投入具有正向作用，不同环境条件下高管团队特征及异质性对企业创新投资的影响存在差异。这说明在企业外部环境动态变化时，应合理整合团队成员的组成和结构，充分利用异质化高管团队信息资源多元化的特点，以应对纷繁复杂变化的外部环境。此外，政府应优化企业技术创新环境并完善相关政策。

毋庸置疑，本书研究还存在一定程度的局限之处，基于此，本书提出了未来的研究方向，总结如下。

（1）在关于高管团队成员人力资本要素中仅考虑了年龄、学历、任期、薪酬及异质性方面对企业创新投入的影响，而高管团队对创新影响是多元化的，后续研究应该补充反映团队成员之间互动关系的权力分配、冲突、内聚力和激励等指标，例如权力不平等激发团队冲突矛盾进而影响创新战略的制定和实施，同时在研究中加入一些中介和调节变量指标，例如企业家精神、团队绩效等。

（2）不同高管团队成员对于创新投入决策的影响存在差异，后续研究应该着重考虑其他类型团队对于创新的影响，例如研发团队、创业团队，因为与其他高管相比，一个企业研发领导者这类头衔的高管特征对于创新战略的影响程度更加直接并且不容小觑。

（3）本书研究了内外部因素对企业创新的研究，未来应进一步研究企业创新对实体经济和金融市场影响的经济后果，例如企业创新对股票市场、市场占有率和经营绩效等方面的影响。另外，企业创新能否体现出更好的股票回报率、表现出更好的市场价值？企业创新在更高层次方面是否影响地区或者国家的创业、就业、金融发展和经济增长？以上问题在后续研究中应进一步探讨。

参 考 文 献

[1] 白俊, 吴汉利. 竞争性银行业结构与企业技术创新 [J]. 软科学, 2018, 32 (2): 84-87.

[2] 曾萍, 邬绮虹. 女性高管参与对企业技术创新的影响——基于创业板企业的实证研究 [J]. 科学学研究, 2012, 30 (5): 135-143.

[3] 陈德球, 陈运森, 董志勇. 政策不确定性、税收征管强度与企业税收规避 [J]. 管理世界, 2016 (5): 151-163.

[4] 陈冬华, 梁上坤, 蒋德权. 不同市场化进程下高管激励契约的成本与选择: 货币薪酬与在职消费 [J]. 会计研究, 2010 (11): 56-64, 97.

[5] 陈劲, 陈钰芬. 企业技术创新绩效评价指标体系研究 [J]. 科学学与科学技术管理, 2006 (3): 86-91.

[6] 陈守明, 简涛, 王朝霞. CEO 任期与 R&D 强度: 年龄和教育层次的影响 [J]. 科学学与科学技术管理, 2011, 32 (6): 159-165.

[7] 陈伟民. 高层管理团队特征与企业业绩关系理论述评 [J]. 郑州航空工业管理学院学报, 2006, 24 (6): 97-100.

[8] 陈忠卫, 常极. 高管团队异质性、集体创新能力与公司绩效关系的实证研究 [J]. 软科学, 2009, 23 (9): 78-83.

[9] 高建, 汪剑飞, 魏平. 企业技术创新绩效指标: 现状、问题和新概念模型 [J]. 科研管理, 2004, 25 (z1): 14-22.

[10] 耿云江, 王明晓. 超额在职消费、货币薪酬业绩敏感性与媒体监督——基于中国上市公司的经验证据 [J]. 会计研究, 2016 (9): 55-61.

[11] 苟燕楠, 董静. 风险投资背景对企业技术创新的影响研究 [J]. 科研管理, 2014, 35 (2): 35-42.

[12] 古家军, 胡蓓. 企业高层管理团队特征异质性对战略决策的影响——

基于中国民营企业的实证研究 [J]. 管理工程学报, 2008 (3): 30 - 35.

[13] 郭葆春, 张丹. 中小创新型企业高管特征与 R&D 投入行为研究——基于高阶管理理论的分析 [J]. 证券市场导报, 2013 (1): 16 - 22, 27.

[14] 韩剑, 严兵. 中国企业为什么缺乏创造性破坏——基于融资约束的解释 [J]. 南开管理评论, 2013, 16 (4): 124 - 132.

[15] 韩立岩, 李慧. CEO 权力与财务危机——中国上市公司的经验证据 [J]. 金融研究, 2009 (1): 179 - 193.

[16] 韩庆潇, 杨晨, 陈潇潇. 中国制造业集聚与产业升级的关系——基于创新的中介效应分析 [J]. 研究与发展管理, 2015, 27 (6): 68 - 76.

[17] 韩庆潇, 杨晨, 顾智鹏. 高管团队异质性对企业创新效率的门槛效应——基于战略性新兴产业上市公司的实证研究 [J]. 中国经济问题, 2017 (2): 42 - 53.

[18] 郝二辉. 高管团队背景特征、行为选择与财务困境 [D]. 西南财经大学, 2011.

[19] 何霞, 苏晓华. 高管团队背景特征、高管激励与企业 R&D 投入——来自 A 股上市高新技术企业的数据分析 [J]. 科技管理研究, 2012 (6): 100 - 108.

[20] 贺远琼, 杨文. 高管团队特征与企业多元化战略关系的 Meta 分析 [J]. 管理学报, 2010, 7 (1): 91 - 97.

[21] 胡蓓, 古家军. 企业高层管理团队特征对战略决策的影响 [J]. 工业工程与管理, 2007 (5): 89 - 94.

[22] 蒋春燕. 高管团队要素对公司企业家精神的影响机制研究——基于长三角民营中小高科技企业的实证分析 [J]. 南开管理评论, 2011, 14 (3): 72 - 84.

[23] 蒋尧明, 章丽萍. 中小企业高层管理者特征与企业可持续增长——基于管理防御理论的分析 [J]. 经济评论, 2012 (5): 69 - 77.

[24] 焦长勇, 项保华. 企业高层管理团队特性及构建研究 [J]. 自然辩证法通讯, 2003, 25 (2): 57 - 62, 111.

[25] 康志勇. 融资约束、政府支持与中国本土企业研发投入 [J]. 南开管理评论, 2013, 16 (5): 61 - 70.

［26］蓝海林，汪秀琼，吴小节，等．基于制度基础观的市场进入模式影响因素：理论模型构建与相关研究命题的提出［J］．南开管理评论，2010，13（6）：77 - 90，148.

［27］雷辉，刘鹏．中小企业高管团队特征对技术创新的影响——基于所有权性质视角［J］．中南财经政法大学学报，2013（4）：149 - 156.

［28］李春涛，宋敏．中国制造业企业的创新活动：所有制和 CEO 激励的作用［J］．经济研究，2010，45（5）：55 - 67.

［29］李大元．企业环境不确定性研究及其新进展［J］．管理评论，2010，22（11）：81 - 87.

［30］李华晶，张玉利．高管团队特征与企业创新关系的实证研究——以科技型中小企业为例［J］．商业经济与管理，2006（5）：9 - 13.

［31］李懋，王国锋，井润田．高管团队内部动态特征实证研究［J］．管理学报，2009，6（7）：939 - 943.

［32］李万福，林斌，宋璐．内部控制在公司投资中的角色：效率促进还是抑制？［J］．管理世界，2011（2）：81 - 99，188.

［33］李维安，邱艾超，阎大颖．企业政治关系研究脉络梳理与未来展望［J］．外国经济与管理，2010，32（5）：48 - 55.

［34］李增泉．激励机制与企业绩效：一项基于上市公司的实证研究［J］．会计研究，2000（1）：24 - 30.

［35］李长娥，谢永珍．产品市场竞争、董事会异质性对技术创新的影响——来自民营上市公司的经验证据［J］．华东经济管理，2016，30（8）：115 - 123.

［36］林亚清，赵曙明．构建高层管理团队社会网络的人力资源实践、战略柔性与企业绩效——环境不确定性的调节作用［J］．南开管理评论，2013，16（2）：4 - 15，35.

［37］林洲钰，林汉川，邓兴华．所得税改革与中国企业技术创新［J］．中国工业经济，2013（3）：111 - 123.

［38］刘柏，郭书妍．董事会人力资本及其异质性与公司绩效［J］．管理科学，2017，30（3）：23 - 34.

［39］刘刚，刘静．动态能力对企业绩效影响的实证研究——基于环境动态

性的视角 ［J］. 经济理论与经济管理，2013（3）：83 - 94.

［40］刘铭，姚岳. 企业技术创新绩效评价指标体系研究 ［J］. 甘肃社会科学，2014（4）：233 - 236.

［41］刘伟，刘星. 高管持股对企业 R&D 支出的影响研究——来自 2002 - 2004 年 A 股上市公司的经验证据 ［J］. 科学学与科学技术管理，2007（10）：172 - 175.

［42］刘新民，张莹，王垒. 创始高管团队薪酬激励对真实盈余管理的影响研究 ［J］. 审计与经济研究，2014，29（4）：61 - 70.

［43］刘绪光，李维安. 基于董事会多元化视角的女性董事与公司治理研究综述 ［J］. 外国经济与管理，2010，32（4）：47 - 53.

［44］刘运国，刘雯. 我国上市公司的高管任期与 R&D 支出 ［J］. 管理世界，2007（1）：128 - 136.

［45］卢锐. 企业创新投资与高管薪酬业绩敏感性 ［J］. 会计研究，2014（10）：36 - 42，96.

［46］鲁倩，贾良定. 高管团队人口统计学特征、权力与企业多元化战略 ［J］. 科学学与科学技术管理，2009（5）：181 - 187.

［47］鲁桐，党印. 解析中国上市公司投资者关系管理 ［J］. 资本市场，2011（10）：108 - 111.

［48］陆瑶，张叶青，贾睿，等. "辛迪加"风险投资与企业创新 ［J］. 金融研究，2017（6）：159 - 175.

［49］罗进辉，万迪昉. 大股东持股对管理者过度在职消费行为的治理研究 ［J］. 证券市场导报，2009（6）：64 - 70.

［50］马富萍，郭晓川. 高管团队异质性与技术创新绩效的关系研究——以高管团队行为整合为调节变量 ［J］. 科学学与科学技术管理，2010，31（12）：186 - 191.

［51］牛建波，赵静. 信息成本、环境不确定性与独立董事溢价 ［J］. 南开管理评论，2012，15（2）：70 - 80.

［52］冉茂盛，刘先福，黄凌云. 高新企业股权激励与 R&D 支出的契约模型研究 ［J］. 软科学，2008，22（11）：27 - 30.

［53］申慧慧，于鹏，吴联生. 国有股权、环境不确定性与投资效率 ［J］.

经济研究，2012（7）：113－126.

[54] 束义明，郝振省．高管团队沟通对决策绩效的影响：环境动态性的调节作用 [J]．科学学与科学技术管理，2015，36（4）：170－180.

[55] 孙海法，刘海山，姚振华．党政、国企与民企高管团队组成和运作过程比较 [J]．中山大学学报（社会科学版），2008，48（1）：169－178.

[56] 孙海法，姚振华，严茂胜．高管团队人口统计特征对纺织和信息技术公司经营绩效的影响 [J]．南开管理评论，2006，9（6）：61－67.

[57] 唐清泉，甄丽明．管理层风险偏爱、薪酬激励与企业 R&D 投入——基于我国上市公司的经验研究 [J]．经济管理，2009，31（5）：56－64.

[58] 田元飞，孟志华，梁莱歆．高新技术企业内部治理与研发支出相关性实证研究 [J]．兰州商学院学报，2009，25（1）：100－105.

[59] 田原，王宗军，王山慧．产品市场竞争对企业技术创新影响的实证研究——基于中国上市公司的经验证据 [J]．工业工程与管理，2013，18（2）：104－110.

[60] 王飞，张小林．企业高层管理团队国际化的研究 [J]．技术经济与管理研究，2005（3）：32－33.

[61] 王华，黄之骏．经营者股权激励、董事会组成与企业价值——基于内生性视角的经验分析 [J]．管理世界，2006（9）：101－116.

[62] 王嘉歆，黄国良．CEO 权力、环境不确定性与投资效率的实证检验 [J]．统计与决策，2016（10）：120－123.

[63] 王山慧，王宗军，田原．管理者过度自信与企业技术创新投入关系研究 [J]．科研管理，2013，34（5）：1－9.

[64] 王旭，徐向艺．基于企业生命周期的高管激励契约最优动态配置——价值分配的视角 [J]．经济理论与经济管理，2015（6）：80－93.

[65] 王雪莉，马琳，王艳丽．高管团队职能背景对企业绩效的影响：以中国信息技术行业上市公司为例 [J]．南开管理评论，2013，16（4）：80－93.

[66] 王亚妮，程新生．环境不确定性、沉淀性冗余资源与企业创新——基于中国制造业上市公司的经验证据 [J]．科学学研究，2014，32（8）：1242－1250.

[67] 王益谊，席酉民，毕鹏程．组织环境的不确定性研究综述 [J]．管理

工程学报，2005，19（1）：46－50.

[68] 卫旭华，刘咏梅，岳柳青. 高管团队权力不平等对企业创新强度的影响——有调节的中介效应 [J]. 南开管理评论，2015，18（3）：24－33.

[69] 魏立群，王智慧. 我国上市公司高管特征与企业绩效的实证研究 [J]. 南开管理评论，2002（4）：16－22.

[70] 武立东，王凯，黄海昕. 组织外部环境不确定性的研究述评 [J]. 管理学报，2012，9（11）：1712－1717.

[71] 武立东，江津，王凯. 董事会成员地位差异、环境不确定性与企业投资行为 [J]. 管理科学，2016，29（2）：52－65.

[72] 武立东，王凯. 独立董事制度从"规制"到"认知"的变迁——来自主板上市公司的证据 [J]. 管理评论，2014，26（7）：9－19.

[73] 肖久灵. 企业高层管理团队的组成特征对团队效能影响的实证研究 [J]. 财贸研究，2006（2）：112－117.

[74] 谢凤华，姚先国，古家军. 高层管理团队异质性与企业技术创新绩效关系的实证研究 [J]. 科研管理，2008，29（6）：65－73.

[75] 徐淋，刘春林，杨昕悦. 高层管理团队薪酬差异对公司绩效的影响——基于环境不确定性的调节作用 [J]. 经济管理，2015，37（4）：61－70.

[76] 徐宁，徐鹏，吴创. 技术创新动态能力建构及其价值创造效应——来自中小上市公司的经验证据 [J]. 科学学与科学技术管理，2014，35（8）：125－134.

[77] 徐宁，徐向艺. 技术创新导向的高管激励整合效应——基于高科技上市公司的实证研究 [J]. 科研管理，2013，34（9）：46－53.

[78] 徐思雅，冯军政. 技术范式转变期大企业如何衰落——动态能力视角 [J]. 科学学与科学技术管理，2013，34（10）：31－38.

[79] 杨卓尔，高山行，曾楠. 战略柔性对探索性创新与应用性创新的影响——环境不确定性的调节作用 [J]. 科研管理，2016，37（1）：1－10.

[80] 姚振华，孙海法. 高管团队组成特征与行为整合关系研究 [J]. 南开管理评论，2010，13（1）：15－22.

[81] 俞仁智，何洁芳，刘志迎. 基于组织层面的公司企业家精神与新产品创新绩效——环境不确定性的调节效应 [J]. 管理评论，2015，27（9）：85－

94.

[82] 袁建国，程晨，后青松. 环境不确定性与企业技术创新——基于中国上市公司的实证研究 [J]. 管理评论，2015，27（10）：60-69.

[83] 袁汀. 上市公司高管人力资本特征及其公司绩效相关性分析 [J]. 生产力研究，2015（6）：148-151.

[84] 张进华，袁振兴. 高管团队特征与企业社会资本形成的关系研究 [J]. 财会月刊，2011（1）：34-38.

[85] 张宗益，张湄. 关于高新技术企业公司治理与 R&D 投资行为的实证研究 [J]. 科学学与科学技术管理，2007（5）：23-26，116.

[86] 赵洪江，夏晖. 机构投资者持股与上市公司创新行为关系实证研究 [J]. 中国软科学，2009（5）：33-39，54.

[87] 钟田丽，胡彦斌. 高技术创业企业人力资本特征对 R&D 投资与融资结构的影响 [J]. 科学学与科学技术管理，2014，35（3）：164-174.

[88] 周建，金媛媛，袁德利. 董事会人力资本、CEO 权力对企业研发投入的影响研究——基于中国沪深两市高科技上市公司的经验证据 [J]. 科学学与科学技术管理，2013，34（3）：170-180.

[89] 周铭山，张倩倩. "面子工程" 还是 "真才实干"？——基于政治晋升激励下的国有企业创新研究 [J]. 管理世界，2016（12）：116-132，187-188.

[90] 周亚虹，蒲余路，陈诗一，等. 政府扶持与新型产业发展——以新能源为例 [J]. 经济研究，2015，50（6）：147-161.

[91] 朱德胜，周晓珊. 股权制衡、高管持股与企业创新效率 [J]. 南开管理评论，2016，19（3）：136-144.

[92] Acharya V V, Baghai R P, Subramanian K V. Wrongful discharge laws and innovation [J]. The Review of Financial Studies, 2013, 27（1）：301-346.

[93] Acharya V V, Subramanian K V. Bankruptcy codes and innovation [J]. The Review of Financial Studies, 2009, 22（12）：4949-4988.

[94] Acharya V V, Baghai R P, Subramanian K V. Labor laws and innovation [J]. The Journal of Law and Economics, 2013, 56（4）：997-1037.

[95] Adams R B, Ferreira D. Women in the boardroom and their impact on gov-

ernance and performance [J]. Journal of Financial Economics, 2009, 94 (2): 291 – 309.

[96] Adhikari B K, Agrawal A. Religion, gambling attitudes and corporate innovation [J]. Journal of Corporate Finance, 2016, 37: 229 – 248.

[97] Adithipyangkul P, Alon I, Zhang T. Executive perks: Compensation and corporate performance in China [J]. Asia Pacific Journal of Management, 2011, 28 (2): 401 – 425.

[98] Aghion P, Bloom N, Blundell R, et al. Competition and innovation: An inverted-Urelationship [J]. The Quarterly Journal of Economics, 2005, 120 (2): 701 – 728.

[99] Aghion P, Tirole J. The management of innovation [J]. The Quarterly Journal of Economics, 1994, 109 (4): 1185 – 1209.

[100] Allen F, Qian J, Qian M. Law, finance, and economic growth in China [J]. Journal of Financial Economics, 2005, 77 (1): 57 – 116.

[101] Amason A C, Sapienza H J. The effects of top management team size and interaction norms on cognitive and affective conflict [J]. Journal of Management, 1997, 23 (4): 494 – 716.

[102] Atanassov J. Do hostile takeovers stifle innovation? Evidence from antitakeover legislation and corporate patenting [J]. The Journal of Finance, 2013, 68 (3): 1097 – 1131.

[103] Ayyagari M, Demirgüç-Kunt A, Maksimovic V. Bribe Payments and Innovation in Developing Countries: Are Innovating Firms Disproportionately Affected? [J]. Journal of Financial and Quantitative Analysis, 2014, 49 (1): 51 – 75.

[104] Balsmeier B, Fleming L, Manso G. Independent boards and innovation [J]. Journal of Financial Economics, 2017, 123 (3): 536 – 557.

[105] Bantel K A, Jackson S E. Top management and innovations in banking: Does the composition of the top team make a difference? [J]. Strategic Management Journal, 1989, 10 (S1): 107 – 124.

[106] Baranchuk N, Kieschnick R, Moussawi R. Motivating innovation in newly public firms [J]. Journal of Financial Economics, 2014, 111 (3): 578 – 588.

[107] Barker III V L, Mueller G C. CEO characteristics and firm R&D spending [J]. Management Science, 2002, 48 (6): 782 – 801.

[108] Bénabou R, Ticchi D, Vindigni A. Religion and innovation [J]. The American Economic Review, 2015, 105 (5): 346 – 351.

[109] Benfratello L, Schiantarelli F, Sembenelli A. Banks and innovation: Microeconometric evidence on Italian firms [J]. Journal of Financial Economics, 2008, 90 (2): 197 – 217.

[110] Bloom N, Draca M, Van Reenen J. Trade induced technical change? The impact of Chinese imports on innovation, IT and productivity [J]. The Review of Economic Studies, 2016, 83 (1): 87 – 117.

[111] Bloom N, Schankerman M, Van Reenen J. Identifying technology spillovers and product market rivalry [J]. Econometrica, 2013, 81 (4): 1347 – 1393.

[112] Boden R J, Nucci A R. On the survival prospects of men's and women's new business ventures [J]. Journal of Business Venturing, 2000, 15 (4): 347 – 362.

[113] Boeker W, Goodstein J. Organizational performance and adaptation: Effects of environment and performance on changes in board composition [J]. Academy of Management Journal, 1991, 34 (4): 805 – 826.

[114] Boone C, Hendriks W. Top management team diversity and firm performance: Moderators of functional-background and locus-of-control diversity [J]. Management Science, 2009, 55 (2): 165 – 180.

[115] Borisova G, Brown J R. R&D sensitivity to asset sale proceeds: New evidence on financing constraints and intangible investment [J]. Journal of Banking & Finance, 2013, 37 (1): 159 – 173.

[116] Brown J R, Martinsson G, Petersen B C. Law, stock markets, and innovation [J]. The Journal of Finance, 2013, 68 (4): 1517 – 1549.

[117] Bstieler L, Gross C W. Measuring the effect of environmental uncertainty on process activities, project team characteristics, and new product success [J]. Journal of Business & Industrial Marketing, 2003, 18 (2): 146 – 161.

[118] Cannella A A, Park J H, Lee H U. Top management team functional

background diversity and firm performance: Examining the roles of team member colocation and environmental uncertainty [J]. Academy of Management Journal, 2008, 51 (4): 768 – 784.

[119] Carpenter M A, Geletkanycz M A, Sanders W G. Upper echelons research revisited: Antecedents, elements, and consequences of top management team composition [J]. Journal of Management, 2004, 30 (6): 749 – 778.

[120] Chang X, Fu K, Low A, et al. Non-executive employee stock options and corporate innovation [J]. Journal of Financial Economics, 2015, 115 (1): 168 – 188.

[121] Chava S, Oettl A, Subramanian A, et al. Banking deregulation and innovation [J]. Journal of Financial Economics, 2013, 109 (3): 759 – 774.

[122] Chemmanur T J, Loutskina E, Tian X. Corporate venture capital, value creation, and innovation [J]. The Review of Financial Studies, 2014, 27 (8): 2434 – 2473.

[123] Chen Y, Podolski E J, Rhee S G, et al. Local gambling preferences and corporate innovative success [J]. Journal of Financial and Quantitative Analysis, 2014, 49 (1): 77 – 106.

[124] Child J. Managerial and organizational factors associated with company performance-Part II. A contingency analysis [J]. Journal of Management Studies, 1975, 12 (1 – 2): 12 – 27.

[125] Child J. Organizational structure, environment and performance: The role of strategic choice [J]. Sociology, 1972, 6 (1): 1 – 22.

[126] Cho T S, Hambrick D C. Attention as the Mediator between Top Management Team Characteristics and Strategic Change: The Case of Airline Deregulation [J]. Organization Science, 2006, 17 (4): 453 – 469.

[127] Croson R, Gneezy U. Gender Differences in Preferences [J]. Journal of Economic Literature, 2009, 47 (2): 448 – 474.

[128] Daboub A J, Rasheed A M, Priem R L, et al. Top management team characteristics and corporate illegal activity [J]. Academy of Management Review, 1995, 20 (1): 138 – 170.

[129] Daellenbach U S, McCarthy A M, Schoenecker T S. Commitment to inno-vation: The impact of top management team characteristics [J]. R&D Management, 1999, 29 (3): 199 – 208.

[130] Danneels E. The dynamics of product innovation and firm competences [J]. Strategic Management Journal, 2002, 23 (12): 1095 – 1121.

[131] Dechow P M, Sloan R G. Executive incentives and the horizon problem: An empirical investigation [J]. Journal of Accounting and Economics, 1991, 14 (1): 51 – 89.

[132] Dempster R J, Hart S D. The relative utility of fixed and variable risk fac-tors in discriminating sexual recidivists and nonrecidivists [J]. Sexual Abuse, 2002, 14 (2): 121 – 138.

[133] Desmet K, Rossi-Hansberg E. Innovation in space [J]. The American E-conomic Review, 2012, 102 (3): 447 – 452.

[134] Dess G G, Beard D W. Dimensions of organizational task environments [J]. Administrative Science Quarterly, 1984, (29): 52 – 73.

[135] Dezsö C L, Ross D G. Does female representation in top management im-prove firm performance? A panel data investigation [J]. Strategic Management Journal, 2012, 33 (9): 1072 – 1089.

[136] Dixit A K, Pindyck R S. Investment under uncertainty [M]. Princeton University Press, 1994.

[137] Duncan R B. Characteristics of Organizational Environments and Perceived Environmental Uncertainty [J]. Administrative Science Quarterly, 1972, 17 (3): 313 – 327.

[138] Dutta S, Fan Q. Incentives for innovation and centralized versus delegated capital budgeting [J]. Journal of Accounting and Economics, 2012, 53 (3): 592 – 611.

[139] Dwyer F R, Welsh M A. Environmental Relationships of the Internal Polit-ical Economy of Marketing Channels [J]. Journal of Marketing Research, 1985, 22 (4): 397 – 414.

[140] Dwyer S, Richard O C, Chadwick K. Gender diversity in management and

firm performance: the influence of growth orientation and organizational culture [J]. Journal of Business Research, 2003, 56 (12): 1009 – 1019.

[141] Eisenhardt K M, Schoonhoven C B. Organizational growth: Linking founding team, strategy, environment, and growth among US semiconductor ventures, 1978 – 1988 [J]. Administrative Science Quarterly, 1990, 35 (3): 504 – 529.

[142] Elron E. Top management teams within multinational corporations: Effects of cultural heterogeneity [J]. Leadership Quarterly, 1997, 8 (4): 393 – 412.

[143] Faleye O, Kovacs T, Venkateswaran A. Do better-connected CEOs innovate more? [J]. Journal of Financial and Quantitative Analysis, 2014, 49 (5 – 6): 1201 – 1225.

[144] Fang L H, Lerner J, Wu C. Intellectual property rights protection, ownership, and innovation: Evidence from China [J]. The Review of Financial Studies, 2017, 30 (7): 2446 – 2477.

[145] Fang V W, Tian X, Tice S. Does stock liquidity enhance or impede firm innovation? [J]. The Journal of Finance, 2014, 69 (5): 2085 – 2125.

[146] Ferrier W J. Navigating the Competitive Landscape: The Drivers and Consequences of Competitive Aggressiveness [J]. Academy of Management Journal, 2001, 44 (4): 858 – 877.

[147] Finkelstein S, Hambrick D C. Strategic leadership: Top executives and their effects on organizations [M]. West Publishing Company, 1996.

[148] Finkelstein S, Hambrick D, Cannella A. Strategic Leadership: Theory and Research on Executives, Top Management Teams, and Boards [M]. Oxford University Press, 2009.

[149] Finkelstein S. Power in top management teams: Dimensions, measurement, and validation [J]. Academy of Management journal, 1992, 35 (3): 505 – 538.

[150] Finkelstein S, Hambrick D C. Top-management-team tenure and organizational outcomes: The moderating role of managerial discretion [J]. Administrative Science Quarterly, 1990, 35 (3): 484 – 503.

[151] Flammer C, Kacperczyk A. The impact of stakeholder orientation on inno-

vation: Evidence from a natural experiment [J]. Management Science, 2016, 62 (7): 1982 – 2001.

[152] Flood P C, Fong C M, Smith K G, et al. Top management teams and pioneering: a resource-based view [J]. International Journal of Human Resource Management, 1997, 8 (3): 291 – 306.

[153] Fredrickson J W, Mitchell T R. Strategic Decision Processes: Comprehensiveness and Performance in an Industry with an Unstable Environment [J]. Academy of Management Journal, 1984, 27 (2): 399 – 423.

[154] Galasso A, Simcoe T S. CEO overconfidence and innovation [J]. Management Science, 2011, 57 (8): 1469 – 1484.

[155] Greening D W, Johnson R A. Managing industrial and environmental crises: The role of heterogeneous top management teams [J]. Business & Society, 1997, 36 (4): 334 – 361.

[156] Grimm C M, Smith K G. Research notes and communications management and organizational change: A note on the railroad industry [J]. Strategic Management Journal, 1991, 12 (7): 557 – 562.

[157] Guadalupe M, Kuzmina O, Thomas C. Innovation and foreign ownership [J]. The American Economic Review, 2012, 102 (7): 3594 – 3627.

[158] Hambrick D C, Cho T S, Chen M J. The Influence of Top Management Team Heterogeneity on Firms' Competitive Moves [J]. Administrative Science Quarterly, 1996, 41 (4): 659 – 684.

[159] Hambrick D C. Corporate coherence and the TOP management team [J]. Strategy & Leadership, 1997, 25 (5): 24 – 29.

[160] Hambrick D C, Mason P A. Upper echelons: The organization as a reflection of its top managers [J]. Academy of Management Review, 1984, 9 (2): 193 – 206.

[161] Hambrick D C. Top management groups: A conceptual integration and reconsideration of the team label [J]. Research in Organizational Behavior, 1994, (16): 171 – 214.

[162] Hambrick D C. Upper echelons theory: An update [J]. Academy of Man-

agement Review, 2007, 32 (2): 334 – 343.

[163] Hambrick D C, Finkelstein S. The effects of ownership structure on conditions at the top: The case of CEO pay raises [J]. Strategic Management Journal, 1995, 16 (3): 175 – 193.

[164] He J J, Tian X. The dark side of analyst coverage: The case of innovation [J]. Journal of Financial Economics, 2013, 109 (3): 856 – 878.

[165] He J, Huang Z. Board informal hierarchy and firm financial performance: Exploring a tacit structure guiding boardroom interactions [J]. Academy of Management Journal, 2011, 54 (6): 1119 – 1139.

[166] Hirshleifer D, Low A, Teoh S H. Are overconfident CEOs better innovators? [J]. The Journal of Finance, 2012, 67 (4): 1457 – 1498.

[167] Hitt M A, Tyler B B. Strategic decision models: Integrating different perspectives [J]. Strategic Management Journal, 1991, 12 (5): 327 – 351.

[168] Hombert J, Matray A. The Real Effects of Lending Relationships on Innovative Firms and Inventor Mobility [J]. The Review of Financial Studies, 2016, 30 (7): 2413 – 2445.

[169] Howell S T. Financing innovation: evidence from R&D grants [J]. The American Economic Review, 2017, 107 (4): 1136 – 1164.

[170] Hsu P H, Tian X, Xu Y. Financial development and innovation: Cross-country evidence [J]. Journal of Financial Economics, 2014, 112 (1): 116 – 135.

[171] Jansen J J, Van Den Bosch F A, Volberda H W. Exploratory innovation, exploitative innovation, and performance: Effects of organizational antecedents and environmental moderators [J]. Management Science, 2006, 52 (11): 1661 – 1674.

[172] Jaworski B J, Kohli A K. Market orientation: Antecedents and consequences [J]. Journal of Marketing, 1993, 57 (3): 53 – 71.

[173] Kamien M I, Schwartz N L. Market structure and innovation [M]. Cambridge University Press, 1982.

[174] Keck S L. Top management team structure: Differential effects by environmental context [J]. Organization Science, 1997, 8 (2): 143 – 156.

[175] Khanna T, Palepu K. Why focused strategies may be wrong for emerging

markets [J]. Harvard Business Review, 1997, 75 (4): 41 –48.

[176] Klein S, Frazier G L, Roth V J. A Transaction Cost Analysis Model of Channel Integration in International Markets [J]. Journal of Marketing Research, 1990, 27 (27): 196 –208.

[177] Koberg C S, Ungson G R. The effects of environmental uncertainty and dependence on organizational structure and performance: A comparative study [J]. Journal of Management, 1987, 13 (4): 725 –737.

[178] Kor Y Y. Experience-based top management team competence and sustained growth [J]. Organization Science, 2003, 14 (6): 707 –719.

[179] Kortum S, Lerner J. Assessing the Contribution of Venture Capital to Innovation [J]. Rand Journal of Economics, 2000, 31 (4): 674 –692.

[180] Krishnan H A, Miller A, Judge W Q. Diversification and Top Management Team Complementarity: Is Performance Improved by Merging Similar or Dissimilar Teams? [J]. Strategic Management Journal, 1997, 18 (5): 361 –374.

[181] La Porta R, Lopez-de-Silanes F, Shleifer A, et al. Investor protection and corporate governance [J]. Journal of Financial Economics, 2000, 58 (1): 3 –27.

[182] Lang J R, Lockhart D E. Increased environmental uncertainty and changes in board linkage patterns [J]. Academy of Management Journal, 1990, 33 (1): 106 –128.

[183] Larry E W, Yung W R, Garry P. Sources of technological capability in south area [J]. Technological Capability in the Third World, 1984, 32 (5): 54 –63.

[184] Leonard-Barton D. Core capabilities and core rigidities: A paradox in managing new product development [J]. Strategic Management Journal, 1992, 13 (S1): 111 –125.

[185] Lerner J. The empirical impact of intellectual property rights on innovation: Puzzles and clues [J]. The American Economic Review, 2009, 99 (2): 343 –348.

[186] Li H, Atuahene-Gima K. Product innovation strategy and the performance of new technology ventures in China [J]. Academy of Management Journal, 2001, 44 (6): 1123 –1134.

[187] Li Q, Maggitti P G, Smith K G, et al. Top management attention to innovation: The role of search selection and intensity in new product introductions [J]. Academy of Management Journal, 2013, 56 (3): 893 –916.

[188] Lichtenthaler U, Muethel M. Retracted: The role of deliberate and experiential learning in developing capabilities: Insights from technology licensing [J]. 2012, 29 (2): 187 –209.

[189] Lumpkin G T, Dess G G. Linking two dimensions of entrepreneurial orientation to firm performance: The moderating role of environment and industry life cycle [J]. Journal of Business Venturing, 2001, 16 (5): 429 –451.

[190] Luong H, Moshirian F, Nguyen L, et al. How Do Foreign Institutional Investors Enhance Firm Innovation? [J]. Journal of Financial and Quantitative Analysis, 2017, 52 (4): 1449 –1490.

[191] Mansfield E, Lee J Y. The modern university: contributor to industrial innovation and recipient of industrial R&D support [J]. Research Policy, 1996, 25 (7): 1047 –1058.

[192] McCain B E, O'Reilly C, Pfeffer J. The effects of departmental demography on turnover: The case of a university [J]. Academy of Management journal, 1983, 26 (4): 626 –641.

[193] Meznar M B, Nigh D. Buffer or bridge? Environmental and organizational determinants of public affairs activities in American firms [J]. Academy of Management Journal, 1995, 38 (4): 975 –996.

[194] Michel J G, Hambrick D C. Diversification posture and top management team characteristics [J]. Academy of Management Journal, 1992, 35 (1): 9 –37.

[195] Milliken F J. Three types of perceived uncertainty about the environment: State, effect, and response uncertainty [J]. Academy of Management Review, 1987, 12 (1): 133 –143.

[196] Mintzberg H. The structuring of organization: A synthesis of the research [M]. Prentice-Hall, 1979.

[197] Mukherjee A, Singh M, Žaldokas A. Do corporate taxes hinder innovation? [J]. Journal of Financial Economics, 2017, 124 (1): 195 –221.

［198］Murphy K J. Executive Compensation ［J］. Social Science Electronic Publishing, 1999, 3 (2): 2485 – 2563.

［199］Nanda R, Nicholas T. Did bank distress stifle innovation during the Great Depression? ［J］. Journal of Financial Economics, 2014, 114 (2): 273 – 292.

［200］Nanda R, Rhodes-Kropf M. Financing risk and innovation ［J］. Management Science, 2016, 63 (4): 901 – 918.

［201］Nanda R, Rhodes-Kropf M. Investment cycles and startup innovation ［J］. Journal of Financial Economics, 2013, 110 (2): 403 – 418.

［202］Norburn D, Birley S. The top management team and corporate performance ［J］. Strategic Management Journal, 1988, 9 (3): 225 – 237.

［203］Olson B J, Parayitam S, Twigg N W. Mediating role of strategic choice between top management team diversity and firm performance: Upper echelons theory revisited ［J］. Journal of Business and Management, 2006, 12 (2): 111 – 126.

［204］O'Sullivan M. The innovative enterprise and corporate governance ［J］. Cambridge Journal of Economics, 2000, 24 (4): 393 – 416.

［205］Palmer D A, Jennings P D, Zhou X. Late adoption of the multidivisional form by large US corporations: Institutional, political, and economic accounts ［J］. Administrative Science Quarterly, 1993, 37 (1): 100 – 131.

［206］Peng M W, Heath P S. The growth of the firm in planned economies in transition: Institutions, organizations, and strategic choice ［J］. Academy of Management Review, 1996, 21 (2): 492 – 528.

［207］Pfeffer J. Size and composition of corporate boards of directors: The organization and its environment ［J］. Administrative Science Quarterly, 1972, (17): 218 – 228.

［208］Porter M E. Competitive strategy ［M］. Free Press, 1980.

［209］Praharad C K, Hamel G. The Core Competence of the Corporation ［J］. Harvard Business Review, 1990, (5 – 6): 79 – 91.

［210］Priem R L. Top management team group factors, consensus, and firm performanc ［J］. Strategic Management Journal, 1990, 11 (6): 469 – 478.

［211］Rajan R G, Wulf J. Are perks purely managerial excess? ［J］. Journal of

Financial Economics, 2006, 79 (1): 1 –33.

[212] Richardson S. Over-investment of free cash flow [J]. Review of Accounting Studies, 2006, 11 (2 –3): 159 – 189.

[213] Rodenbach M, Brettel M. CEO experience as micro-level origin of dynamic capabilities [J]. Management Decision, 2012, 50 (4): 611 –634.

[214] Romero I, Martínez-Román J A. Self-employment and innovation: Exploring the determinants of innovative behavior in small businesses [J]. Research Policy, 2012, 41 (1): 178 – 189.

[215] Saren M A. A classification and review of models of the intra-firm innovation process [J]. R&D Management, 1984, 14 (1): 11 –24.

[216] Sauermann H, Cohen W M. What makes them tick? Employee motives and firm innovation [J]. Management Science, 2010, 56 (12): 2134 –2153.

[217] Schroth E, Szalay D. Cash breeds success: The role of financing constraints in patent races [J]. Review of Finance, 2010, 14 (1): 73 – 118.

[218] Scott W R. Institutions and organizations: Foundations for organizational science [M]. A Sage Publication Series, 1995.

[219] Sharfman M P, Dean J W. Conceptualizing and measuring the organizational environment: A multidimensional approach [J]. Journal of Management, 1991, 17 (4): 681 – 700.

[220] Simons T, Pelled L H, Smith K A. Making use of difference: Diversity, debate, and decision comprehensiveness in top management teams [J]. Academy of Management Journal, 1999, 42 (6): 662 – 673.

[221] Smith K G, Smith K A, Olian J D, et al. Top Management Team Demography and Process: The Role of Social Integration and Communication [J]. Administrative Science Quarterly, 1994, 39 (3): 412 –438.

[222] Srivastava A, Lee H. Predicting order and timing of new product moves: the role of top management in corporate entrepreneurship [J]. Journal of Business Venturing, 2005, 20 (4): 459 –481.

[223] Su Z, Xie E, Peng J. Impacts of environmental uncertainty and firms' capabilities on R&D investment: Evidence from China [J]. Innovation: Management,

Policy & Practice, 2010, 12 (3): 269 - 282.

[224] Sunder J, Sunder S V, Zhang J. Pilot CEOs and corporate innovation [J]. Journal of Financial Economics, 2017, 123 (1): 209 - 224.

[225] Tadesse S. Innovation, information, and financial architecture [J]. Journal of Financial and Quantitative Analysis, 2006, 41 (4): 753 - 786.

[226] Tan J, Tan D. Environment-strategy co-evolution and co-alignment: a staged model of Chinese SOEs under transition [J]. Strategic Management Journal, 2005, 26 (2): 141 - 157.

[227] Tan J J, Litsschert R J. Environment-strategy relationship and its performance implications: An empirical study of the chinese electronics industry [J]. Strategic Management Journal, 1994, 15 (1): 1 - 20.

[228] Taylor R N. Preferences of industrial managers for information sources in making promotion decisions [J]. Journal of Applied Psychology, 1975, 60 (2): 269 - 272.

[229] Thomas A S, Litschert R J, Ramaswamy K. The performance impact of strategy-manager coalignment: An empirical examination [J]. Strategic Management Journal, 1991, 12 (7): 509 - 522.

[230] Thompson J D. Organizations in action: Social science bases of administrative theory [M]. Transaction publishers, 1967.

[231] Tian X, Wang T Y. Tolerance for failure and corporate innovation [J]. The Review of Financial Studies, 2011, 27 (1): 211 - 255.

[232] Tihanyi L, Ellstrand A E, Daily C M, et al. Composition of the top management team and firm international diversification [J]. Journal of Management, 2000, 26 (6): 1157 - 1177.

[233] Tung R L. Dimensions of organizational environments: An exploratory study of their impact on organization structure [J]. Academy of Management Journal, 1979, 22 (4): 672 - 693.

[234] Twiss B. Managing technological innovation [M]. Pitman Publishers, 1992.

[235] Volberda H W. Building the Flexible Firm: How to Remain Competitive

［M］. Oxford University Press, 1998.

［236］ Wally S, Baum J R. Personal and structural determinants of the pace of strategic decision making ［J］. Academy of Management Journal, 1994, 37 (4): 932 –956.

［237］ Wiersema M F, Bantel K A. Top Management Team Demography and Corporate Strategic Change ［J］. Academy of Management Journal, 1992, 35 (1): 95 – 121.

［238］ William K, O'Reilly C. The complexity of diversity: A review of forty years of research ［J］. Research on Managing in Groups and Teams, 1998, (20): 77 – 140.

［239］ Williams H L. Intellectual property rights and innovation: Evidence from the human genome ［J］. Journal of Political Economy, 2013, 121 (1): 1 –27.

［240］ Wu J, Tu R. CEO stock option pay and R&D spending: a behavioral agency explanation ［J］. Journal of Business Research, 2007, 60 (5): 482 –492.

［241］ Yermack D. Flights of fancy: Corporate jets, CEO perquisites, and inferior shareholder returns ［J］. Journal of Financial Economics, 2006, 80 (1): 211 – 242.

［242］ York J G, Venkataraman S. The entrepreneur-environment nexus: Uncertainty, innovation, and allocation ［J］. Journal of Business Venturing, 2010, 25 (5): 449 –463.

［243］ Yung C. Making Waves: To Innovate or Be a Fast Second? ［J］. Journal of Financial and Quantitative Analysis, 2016, 51 (2): 415 –433.

［244］ Zahra S A. Technology strategy and financial performance: Examining the moderating role of the firm's competitive environment ［J］. Journal of Business venturing, 1996, 11 (3): 189 –219.